不要用爱控制我²

如何有效应对言语暴力

〔美〕帕萃丝·埃文斯 著　　田东宇 译

当代世界出版社
THE CONTEMPORARY WORLD PRESS

VERBALLY ABUSIVE RELATIONSHIP: How to recognize it and how to
respond, Expanded Third Edition by Patricia Evans
Copyright © 2010, 1996, 1992 by Patricia Evans
Simplified Chinese translation copyright © 2023
by Orient Brainpower Media Co., Ltd.
Published by arrangement with Adams Media, an Imprint of Simon & Schuster,
Inc. through Bardon-Chinese Media Agency
ALL RIGHTS RESERVED
版权登记号：图字 01-2023-0431 号

图书在版编目（CIP）数据

　　不要用爱控制我 . 2, 如何有效应对言语暴力 /（美）
帕萃丝·埃文斯著；田东宇译 . -- 北京：当代世界出
版社，2024.1
　　ISBN 978-7-5090-1622-0

　　Ⅰ . ①不…　Ⅱ . ①帕…②田…　Ⅲ . ①心理交往 – 社
会心理学 – 通俗读物 ②言语交往 – 通俗读物　Ⅳ .
① C912.11-49 ② C912.13-49

中国版本图书馆 CIP 数据核字（2021）第 174196 号

不要用爱控制我 2：如何有效应对言语暴力

作　　者：帕萃丝·埃文斯
译　　者：田东宇
责任编辑：孙　真
出版发行：当代世界出版社
地　　址：北京市东城区地安门东大街 70-9 号
邮　　箱：ddsjchubanshe@163.com
编务电话：（010）83907528
发行电话：（010）83908410（传真）
　　　　　13601274970
　　　　　18611107149
　　　　　13521909533
经　　销：全国新华书店
印　　刷：北京新华印刷有限公司
开　　本：710 毫米 ×1000 毫米　1/16
印　　张：15.75
字　　数：195 千字
版　　次：2024 年 1 月第 1 版
印　　次：2024 年 1 月第 1 次
书　　号：ISBN 978-7-5090-1622-0
定　　价：68.00 元

读者推荐

我的第一次婚姻让我如坠地狱。无论我做什么,不是做错就是做得不够好。在一次"战斗"后,我给哥哥打电话,因为我非常困惑。他问我是不是被打了,我说:"没有,不过我真有被打的感觉。"那天晚上,我开车去书店闲逛时发现了埃文斯的这本书,它改变了我的生活!非常感谢埃文斯小姐详尽的信息,它们帮助我继续我的人生旅程。

巴克霍尔兹·卡斯特罗诺瓦,36岁,金融公司财务主管

这些年,我购买了很多心理自助的书。对于处于言语虐待关系中的人来说,这本书提供了理想的信息。它从深刻的视角对施虐者和受害者进行观察并提供了实用的建议。其中最有价值的是可供受害者练习并使用的在实际谈话中如何反应的内容。作为受害者,只是读这本书就让我感受到无尽的力量,并伴随着恍然大悟时发出的"噢……"。

珍妮佛·沃茨,33岁,分析工程师

没人愿意总被人斥责。本书第二版指导人们如何应对这种对事业和个人生活等多方面都有影响的"恃强凌弱"行为。帕萃丝·埃文斯列出了虐待的等级，从轻微的挖苦，到非常出格的威胁。这本书对于希望更好地了解并有效应对言语虐待的人来说，是很好的选择。

中西部书评

帕萃丝·埃文斯出色地描述了言语虐待关系的各种类型。她提供了实用的、详尽的细节，对可能出现的各种情况给出合理的建议。我很欣赏她关于"支配权力和个人权力"与关于支配权力如何使人们的关系走向尽头的讨论。这本书所涉及的内容远远超过人与人之间的虐待关系。

佐伊，28岁，自由职业者

在结束了与一个极为自恋的虐待者3年的婚姻关系后，我才对他为什么会这样有了些了解。如果我能够早点儿读到这本书，我也许会对隐蔽型言语虐待者的复杂心理、该采取什么样的策略来缓解他们的情绪有一些简单的了解。

这本书讲述了言语虐待者控制别人时所使用的所有方法，有时这些方法是常人难以想象的。如果你觉得和你交往的人有愤怒、控制及言语虐待的问题，你应该读这本书。感谢你，埃文斯，因为你指引我正确地处理与一位易冲动的虐待者的关系。

克里斯廷·埃宾豪斯，26岁，公司人力资源主管经历过一次折磨人的婚姻，我对言语虐待对受害者产生的长期影响还是很敏感。这本书对不同情况的施虐者及其受害者进行了非常好的深度剖析。作者对言语虐待这种不健康人际关系的长期影响时刻保持着关注。

范·阿姆斯特朗，32岁，创业者

这本书准确描述了什么是言语虐待，深入分析虐待性语言是如何用来主宰、控制而不是用来沟通、支持和保持亲密关系的。言语虐待可能会很轻微，但随着时间的推移，其伤害会难以消除，还会在不知不觉之中影响正常的生活。一旦你读了这本书，言语虐待产生的不良后果就变得显而易见。我经常向人们推荐这本书，这会帮助他们认识到为什么他们在亲密关系中感到困惑和不快乐。这本书也为心理医生开展治疗创造了空间，使受害者决定如何继续生活变得更简单。这是一本无与伦比的好书。

凯西·莫雷利，31岁，心理医生

我是在埃文斯的网站上发现这本书的。以前，我对言语虐待并不了解，是这本书让我受了一次很好的教育。在每一章中，我都发现了自己，并可以回溯到童年时代。它让我明白，我时常在想我的婚姻出了什么问题，这并不是一件不正常的事情。它还让我反思了我和我母亲、姐姐的关系——以前，我甚至都不愿意去想。我向那些困惑于为什么自己努力经营，却关系始终不好（不仅限于男女关系，其他关系也适用）的人推荐这本书。这本书会让你开阔眼界，并指引你走上疗伤之旅，最终，你会得到更美好的生活。

菲尼克斯·赖辛，40岁，公司副总裁

这本书非常棒！我向那些处于言语虐待关系中的人们推荐这本书。书中有很多针对如何应对施虐者的绝佳提示和建议。这本书真是让人大开眼界，观念新颖且信息量极其丰富。

派蒂·沃纳，45岁，出版社资深编辑

这本书改变了我的人生，也改变了那些受我推荐读这本书的朋友的生活。就算他们自己没有处于言语虐待关系中，也肯定认识一些处于言语虐待关系之中的其他人。对任何想要改进人际关系的人来说，认清可接受的和不可接受的行为、如何定义他们的亲密关系，这本书都很有帮助，我强烈推荐！

S.K.沃茨，37岁，市场经理

这是最让我开眼界的一本书。书中有很多信息，尽管都是我日常接触的，我却没太在意；我了解到人们对我说的并非表面意思，这并不总是我的错。那些怀疑自己处于言语虐待关系中的人应该读这本书，它会使你的生活完全不同。真希望能亲自对作者表达我的感谢之情——为她充满智慧的文字和多年的研究。

葆拉·拜尔利，28岁，单亲妈妈

对于每个人来说，这本书是必读书。如果你自己没有处于这样的关系中，你一定认识一些经历过或者正在经历言语虐待的人。这本书给出了答案，并使你做好解决或者改变现状——哪怕这种关系看上去让人绝望——的准备。还有很多虐待不只限于言语，这也是本书教给你的，它能帮助你恢复正常的生活。我再说一次，这是一本必读书！

玛丽·斯塔基，39岁，设计师

请你买下这本书，读它并再读一遍。我原本是买给一个朋友的，结果我自己留下来并很快读完了，非常好。他们也要再买一本。

那些使我们难受的虐待行为，可以随手举例。作者能够把自己的经历变成文字，并有能力阻止它的发生，这是非常有价值的。这钱花得值，我们的成长需要这本书。

布拉德利·李维斯，26岁，文学硕士

在所有分析虐待的作家中，没有人比帕萃丝更了解虐待。帕萃丝以前也曾处于受虐的地位，因此她也是一位了不起的情感理疗师。在帮助人们关注和了解虐待方面，这本书很出色。她关于虐待的其他两本书也是必读书。

梅纳切姆·苏查特，38岁，书评家

这本书很出色，原因有以下几点：（1）这本书可以准确地帮助人们逐步认识自身现状；（2）简单易懂、资料翔实；（3）令人深省并站在客观的角度，用新视角来看待世界；（4）让人有力量去改变，在知识中找到希望。这本书的观念现在已经得到了很好的发展。人们所表达出来的理解和支持，让人吃惊。这很有帮助。

默娜·李德尔，32岁，心理学博士

这是我读过的关于如何应对虐待行为的心理自助图书中最好的一本。不仅是因为它详细介绍施虐者的行为，它还指出为什么指望他们有所改变是不现实的。这本书还进一步介绍了各种言语虐待行为的特点以及面对这些行为时如何做出恰当的反应。我强烈推荐这本书，读了它的人一定会备受鼓舞。

邦妮·罗斯特，29岁，面包师

　　在我读这本书之前，我对"言语虐待"这个词没有一点儿概念。读了之后，我被震惊了——这是关于我自己的生活啊！这有点儿太不真实了。在读这本书之前，我已经有所察觉，但这本书让我终于明白我的生活发生了什么并使我获得力量、受到教育。现在，我不再会对自己做出的决定和做过的事情心存疑问。以前我从没写过书评，但读了这本书后，我觉得一定要写点儿什么。感谢那些在我之前评价过这本书的人，因为你们的推荐，我才买了这本书。我希望所有读了这本书的人，也能像我这样受益匪浅。我很希望能够重新活一遍，而没有我以前经历过的困惑。

　　　　　　　　　　雷切尔·威廉姆斯，35岁，电台主持

前言 FOREWORD

本书出版之后，在成千上万人当中引发了强烈的反响。很多看过这本书的人辗转把他们的读后感传达给我，甚至把他们的经历讲给我听。这些都使我受益匪浅，能让我继续把这些问题运用到今后的研究当中，非常感谢大家的帮助。

尽管本书的第一版回答了很多问题，但我觉得有一些问题还需要探讨。我很高兴有机会在本书的再版中进一步探讨这些问题。

写信给我的几乎全是女性（占98％以上），但是，相当多的男士也赞成改变言语虐待的状况。我认为他们还是很愿意从女性的感受中了解一些东西的。因为只有那些受压抑的、饱受这种痛苦的人，才有资格揭示这种压抑的形成原因，也最能说明其影响。

一般情况下，暴力行为在言语虐待的两性关系中不是很普遍，但也不是没有。通常，言语虐待是暴力行为的前奏，与殴打往往如影随形。男人因为与另一半的某种不和谐而殴打她，有过一次之后，就会更加藐视、压制甚至贬损她。只有理解这种关系的发展过程，才能提供有效的方法去约束施虐者的丑恶行为，这是减少所有家庭暴力行为的第一步。

与女人相比，男人似乎不太情愿将他们的经历曝光，正因为如此，我认为言语虐待（像殴打一样）是两性关系中很明显的问题。

几个世纪以来，性别差异一直在不断变化，这表现在很多方面。一个普通而又明显的差别是：与女人相比，男人受社会环境的影响更大。他们认为，在两性关系中自己对另一半的支配是可以接受的，也应该是社会普遍认可的行为模式。这种男人有"权利"支配女性伴侣的观念，在两性关系中最具破坏性。不幸的是，言语虐待和肉体虐待也多发生在这种背景下。

恰恰相反的是，很少有女性受这种观念的影响，认为自己可以随心所欲地支配另一半。其实，不管是谁，支配对方的想法都是不可取的，控制是相当愚蠢的行为。因为人人都希望能自我管理，自己对自己负责。从孩子到成年人，大家都想提升自己的能力，希望有个人的主见，表现出真实的自我，而不是服从他人。

当然，有很多人已经意识到语言上的虐待不仅伤害伴侣，还会伤害家庭，最终殃及整个社会。在他们的努力呼吁下，舆论对言语虐待的态度有了很大的改变。

研究表明，作为一种文化，人们已经越来越认识到虐待行为的危害性。比如，我们的上一代对家庭中的口头辱骂和殴打行为就没有充分的认识，法律对这些行为也没有限制。而现在，大家已经意识到这种行为绝对是对他人人身的侵犯。

但是，我发现，有些别有用心的人在教唆他人支配伴侣，宣扬在两性关系中女人应该服从于男人，这让我惊讶而愤怒。这种愚昧的想法占据其头脑，以至于他们无法认清这个问题的严重性，其结果是虐待行为的持续存在。当然，每个人对这个问题都有不同的看法，会给它冠以不同的名称，其中有一个称谓叫"父权统治"。

本书除了阐述以上想法，在新版中，还加了三章我认为有用的内容。

第十六章讨论了治疗的方法和父权统治的危害，其内容可以为心理医生和关心言语虐待问题的读者提供参考。

第十七章给离异的父母们提供了一些建议：父母们需要与以前的伴侣分离，确保自己独立的生活和行为，同时告诉父母尽可能使孩子生活在一个良好的环境中，不受父母离异的影响。

最后一章是"常见问题"，回答了一些第一版没有涉及的问题。

这个世界充满了爱和善良，我相信这本书论及的一些痛苦只是提醒我们，还有一些不公正的东西存在。我从不否认爱和善，但是在承认爱与善的同时还存在着一些问题，我希望本书的出版能对大家有所帮助。

序言 PREFACE

　　这本书适合所有人阅读。只是由于巧合，书中的案例多数是从女士们那里得来的，因此我更多地关注言语虐待给女性带来的困惑和痛苦，希望大家不要以为我有偏见。为了保护个人隐私，对那些给我讲了一些她们自己故事的女士，我在书中都用了化名，并虚拟了她们的生活环境。书中的内容是综合多名女士的经历写成的，她们都是语言施虐者现在或以前的伴侣。

　　毫无疑问，言语虐待也是一种伤人的行为，与肉体上的伤害相比，不留痕迹，但带来的痛苦一点儿也不会少，而且受害者从痛苦中恢复需要更长的时间，这也让受害者生活的氛围越来越糟糕。在公共场合，当一位女士与一位男士相处时，男人多半表现得像一位绅士。而私底下，他却可能是另外一副模样，焦躁、易怒、冷淡、不可一世、冷嘲热讽、沉默压抑、支配欲强、索求无由都是通常的表现。对于女人的抗议，他们总是找借口，指责对方"无事生非"，或者找出很多其他的理由予以反驳。通常情况下，受到恶语伤害的女性是没有目击者的，所以别人无法理解她们当时的经历，相反，朋友和家人还可能认为施虐者是一个不错的人呢，当然，这个家伙自己也经常这么认为。

尽管本书只讨论了女性的一些经历，实际上，有些男性也受到过恶语伤害，但一般来说，与易怒的男性生活在一起的女性都有恐惧感，而男性不会这样，即使他们也被恶语伤害过。

如果你经常受到恶语伤害，却被模糊地告知：你的这种感知是错误的，你的感觉并不正确，其结果是你可能会怀疑自己的体验，却意识不到自己在这样做。我相信在读了这本书后，会引发你对似曾相识的经历的感觉。

本书的目的就是使你能够感受到那种无形的虐待和操纵，揭开语言施虐者的伴侣们所经受的言语虐待的细微差异和真实情况。所有的人都希望能忘掉痛苦，不愿回忆那些不堪的经历，而正是这些人的痛苦经历构成了本书的主要内容。我们需要借鉴过去，提醒人们，让大家更清醒地选择美好的未来。

这本书是基于我对40多位受到恶语虐待女性的采访写成的，受访者的年龄从21岁到66岁不等，她们与伴侣生活的时间平均为16年多，因此，我汇总了超过640年的言语虐待的经历。大部分被采访人已经离开了有言语施虐行为的伴侣，但这段经历在5年、10年，甚至15年后还会历历在目。其实，她们尝试过各种各样的方法希望能改善相互间的关系，包括解释、宽容、询问、乞求。有些是个人或两个人一起去做心理咨询；有些则希望尽可能独立地生活，自己的事情自己解决，不问对方太多问题；还有些试图更多地理解对方。但这些都不奏效，因为她们始终没找到形成这种关系的原因。

读完这本书后，如果你怀疑自己也处在一种受言语虐待的关系中，我希望你把这本书带在身边，去找专业人士咨询一下。你需要支持，需要搞清楚生活的真实状态，如果双方都愿意改变，那么建立和谐的伴侣关系还是有可能的。

重要提示

如果你是一个言语虐待的受害者，如果你总想从灵魂深处找到以下这些问题的答案：怎样才能使对方理解你说的事情？怎样才能听到对方的心里话？怎样才能知道对方所说的并不是真实的感受？如果他时常有上述表现，你可能会被他误导，觉得自己在社交、领悟和感觉能力方面存在一些问题，你可能会问："我怎么才能使自己改变本性呢？正如上面所言，'如果双方都愿意改变，建立和谐的伴侣关系是可能的'。可我怎么才能实现这种良好的意愿呢？"

不要绝望，我从不认为，为了与爱的人建立和谐关系，你就要改变本性。相反，我认为当你意识到了所面临的问题时，应该有所反应，要求改变现状，当然这是一种很特殊的方式。如果你有这种反应，你会面临一个问题，即可能"失去爱"，你当然会害怕；但如果你不这么反应，你又会面临一个更严重的问题，即"失去自我"。

这本书还有一个话题，言语虐待是一个控制他人的问题，一种以权压人的手段。这种虐待可能是明显的，也可能是隐蔽的、长期的，同时具有压抑性，巴奇和多艾奇在他们出版的书中称其为"制造混乱"。

言语虐待的影响是隐性的，也就是说不像肉体虐待那样可以看出来，不能以量来衡量。因为言语虐待不会造成外伤，没有青紫、黑眼圈或骨折。伤害的程度取决于受害者精神痛苦的程度，受害者经历的性质能表现出虐待的程度。

我的基本目的是使读者首先认识到言语虐待的存在，因为言语虐待本质上是一种体验，因此这整本书都与人的经历有关。

以下这些事实非常重要，它们进一步加强了本书的观点，让我们可以更好地把握内容：

♥ 一般来说，在言语虐待的关系中，施虐者不承认虐待的存在。

♥ 言语虐待常常发生在紧闭的房门之后。

♥ 言语虐待往往是肉体虐待的前奏。

内容简介

本书分为两个部分，第一部分首先列举了言语虐待的各种情形，包括生活中存在的各种言语虐待的现象和受害者的感受，再从更宽泛的角度论述支配权力和个人权力，并将两种权力相对比。其次，考察了恶语施虐对象的真实感受和想法。最后，论述了言语虐待的基本模式。

第二部分，根据言语虐待表现出来的不同特征，对言语虐待进行了分类，大致分为压抑、对抗、忽略、轻视等几种类型，并论述了受到言语虐待的这些人的文化背景，提出一些相互沟通和改变相互关系的适当方法。然后，帮他们找到出现言语虐待现象的潜在原因，讨论如何改善两者的关系。另外，在这部分我还专门讨论了孩子和言语虐待的关系问题。最后，说的是这种言语虐待现象潜在的发展趋势。

目录 CONTENTS

第一部分

形形色色的言语虐待

第一章　各种各样的表现形式 　　　　　　　　　003

如果你对着活生生的人或生物大喊大叫，态度蛮横，肯定会
扼杀他们内在的活力。棍棒和石头只能敲断我们的骨骼，言语却
可以伤害我们的心灵……

第二章　控制欲的真实表现 　　　　　　　　　　010

没有精神的世界只能是一片废墟。

第三章　尊重且理解：非虐待行为关系 　　　　　020

爱是给孩子一个自由的空间，而不是控制孩子的行为。

第四章　操纵且否定：虐待行为关系 　　　　　　026

在权力游戏中，有一些规则来自内心深处，我们本身并没有
意识，只要找到这些规则和一些合理运用权力的方法，我们就可
以改变它们。

第五章　产生的后果　　040

哦，先生，她笑了，毫无疑问，当我经过她身边时她笑了。
但谁经过时她不是这样微笑呢？
于是我一声令下，所有的微笑都隐去了。
她站在那里，一息尚存。

第六章　受虐者的自我感觉　　052

如果你将内心世界公之于众，你的坦诚将拯救你；如果你将内心世界深深锁起，你掩盖的问题将会毁掉你。

第七章　障碍和模式　　066

生存的第一要领是要善于观察，否则将会灭亡。

第二部分
改善言语虐待的方法

第八章　特征和分类　　078

与赢得一个人的心相比，击垮一个人的精神更容易使我们获得权力感。

第九章　愤怒也能成瘾　　108

如果不去控制别人，就会觉得没有作为……总之，最重要的是你可以做到这一点，你能够对别人发火，而别人无法回击。

第十章　温水煮青蛙　　116

一个科学家做过一个实验。她将一只青蛙放到一盆滚烫的水中，青蛙马上跳了出来。然后，她又将另一只青蛙放到一盆冷水中，青蛙没有反应。科学家慢慢地给水加热，使其温度逐渐升高，青蛙似乎是适应了环境，依然没有不适的表现，最后在越来越高的水温中，这只青蛙被舒服地煮死了。

第十一章　认识和改善　　124

不了解情况很糟，不希望了解情况会更糟。

第十二章　极其有效的反应　　143

我已经习惯了听对方那样说我，但很快，我听不到对方那样的话了。你知道我是什么意思吗？

第十三章　恢复到正常状态　　166

所有的变化，即使是你最希望的变化，也会带来痛苦。我们必须让一种生活方式完全消失，然后开始另一种生活，那被我们留在身后的，是我们自己的一部分。

第十四章　往事不再回首　　172

现在这一切都是真实的。以前，我好像生活在一个错误的世界中，总是让他生气——好像我活着就是一个巨大的错误。

第十五章　潜在的原因　　182

他从来没有关心过她，他的自高自大以及对她冷酷的利用都令人不寒而栗……你必须从恐惧中清醒——你要了解在那一瞬间，即使他眼中有泪，那也是冰冷的。

第十六章　一些有效的治疗方法　　194

越来越多的人采取措施一步一步地剥夺作恶者的权力，重建自己的生活领域，改善生活质量，进一步明确自己是什么样的人——这一切都使我备受鼓舞。

第十七章　帮助孩子正确应对言语虐待　　212

如果我们将自己的孩子都看作上帝之子，那世界将会是什么样子——我们究竟可以做什么？

第十八章　10个常见问题　　224

第一部分

形形色色的言语虐待

　　本部分开篇便列举了言语虐待的各种情形，包括生活中存在的各种言语虐待的现象和受害者的真实感受，以便帮助大家发现言语虐待行为中一些不易察觉的细节。接着，文中论述了两种权力：支配权力和个人权力，并将两者加以比对，以这两种权力为背景，比较虐待行为和非虐待行为的关系。然后，考察了一些伴侣的经历，揭开了言语施虐者及其受害者的生活现状。我发现，他们彼此相当缺乏沟通，不了解对方的内心世界。通过一系列研究，我们了解到言语施虐者是如何影响其伴侣的，包括她的思维方式、感知以及信仰。

　　文中还探讨了受虐者的诸多困惑，有的是由文化背景不同引起的，有的是由言语虐待引起的。最后，论述了虐待的模式、言语虐待在梦境中的反应、言语虐待的外在表现和内在特征，这些特征对大家提出警示，告诫我们要面对现实，因为我们的关系并非如自己所认为的那样和谐。

第一章

各种各样的表现形式

> 如果你对着活生生的人或生物大喊大叫，态度蛮横，肯定会扼杀他们内在的活力。棍棒和石头只能敲断我们的骨骼，言语却可以伤害我们的心灵……
>
> ——罗伯特·富尔汉姆

多数人会注意到称呼上的言语虐待行为，如果有人叫你白痴、傻瓜或母猪，或者任何其他侮辱性的称呼，无疑就是一种言语的虐待，你可以深切地感受到这一点。称呼是言语虐待表现形式中最明显的一种，大家很容易辨识，但其他形式的言语虐待就不那么明显了。在不同的关系中，人们认识到各种形式的虐待行为非常困难，主要原因如下：

- ❤ 大多数言语虐待很隐秘，一般只有受虐的对象才会经常听到。
- ❤ 言语虐待随时间推移而逐渐加强，受虐者甚至会逐渐习惯并适应这种关系而不感到突然。
- ❤ 言语虐待形式多样，并具有各种伪装，很难识破。
- ❤ 言语虐待经常使受虐者对虐待的认识大打折扣。

从一定程度上来讲，言语虐待已成为我们文化中的一部分，主要表现为以下特征：不可一世、打击及贬低对方、高高在上、具有偏执对抗性、喜欢操纵控制、吹毛求疵、强制推行个人意志、威胁恐吓等等。很多人早已习惯言语虐待的这些现象，并把它们当正常的游戏规则。在夫妻关系中，这些权力游戏更是不断上演，施虐者矢口否认其中存在的问题，受虐者的困惑也就产生了。

在下文中我列举了言语虐待的各种现象，你可以据此判断你的伴侣关系中是否存在言语虐待。我还列举出受到言语虐待后的种种感受，你可以将自己的感觉与之相对照，判断自己的真实情况。

♥ 尽管你不想招惹他，他也会在较短时间内对你接连发火，频率是一周一次或几周一次，每次你都感到很突然（当你问他为什么这么生气时，他说他不是生气，或者通过某种方式告诉你都是你的错）。

♥ 当你觉得受到了伤害，试图和他讨论你郁闷的情绪时，他总是表现出一种漫不经心、不理不睬的态度。每次你都觉得问题并没有得到彻底解决，有一些话憋在心里没有机会说出来，因此你不会真的高兴和放松，你可能"已经吻了他，表示与他和解"，但在内心深处并不表示你对这个问题完全放下了。有时候他会说："你在试图挑起一场战争。"从而避免继续讨论下去，或以其他方式表明他拒绝讨论这个问题。

♥ 因为你无法让他理解你的意图，你们之间对事物的看法存在较大的差异，而他并不想和你沟通清楚，所以你总是感到困惑和沮丧。

♥ 你之所以伤心沮丧，并不是因为一些具体的问题，比如你们共处时间的长短、到哪里去度假等，而是因为你们的关系问题：他如何才能理解你的话，你怎么才能听懂他在说些什么，他的话是发自肺腑的还是在敷衍了事？

💗 有时你会迷惑不解："我有什么地方做得不对吗？我怎么没有感觉到呢？"

💗 他不愿意或较少与你分享他的思想和计划。

💗 你提到的每一件事，他都持反对意见，重要的是他并不把这当作一种个人观点，好像你的意见自然就是错的，他的意见理应就是对的。

💗 有时你会感觉他像看一个人格分裂的人那样看你。

💗 你不愿回忆与他的谈话，每当你回想起来，就会告诉自己："停下来，别想了。"

💗 当你试着与他讨论一个问题时，他非常恼怒，或者表示"没有想过你说的这个问题"，总之不想和你就此讨论下去。

　　每个人的生活状态都不一样，感觉好点儿的人，可能觉得上述情况只熟悉一两种；感觉差点儿的，会觉得上述情况很多是自己熟悉的。无论如何，只要你感觉自己的生活中存在两种或两种以上上述状态，这本书就会对你有所帮助。它可以使你意识到言语虐待的存在。如果你觉得上述情况都很陌生，恭喜你，说明你没有这些经历，但这本书同样对你有所帮助，因为它可以使你理解那些受到言语虐待的人。如果你觉得这些经历似有似无，那么就更需要读读这本书，它可以帮你确定生活中是否存在言语虐待的问题。

　　言语虐待可以有各种各样的表现形式，有的很明显，比如，施虐者与受害者面对面时，会毫无缘由地大发无名之火，甚至在电话里也不忘打击她，说她"太神经了"，等等。这些恶意的语言可以让人明确地感受到是言语虐待。有时言语虐待也会表现得非常隐蔽，不容易被发现，即使是受虐者自己也难以觉察。比如施虐者说："我不知道你在说什么。"其实，这个言语的施虐者知道对方的意思，只不过想通过这种方式避免与对方讨论问题。

因为隐蔽的言语虐待不会直接表现出来，所以危害性更大。它是一种隐藏的攻击或压制，通过只言片语透露出威胁、压迫或敌意，让受虐者感到异常痛苦，却又难以言表，久而久之，受虐者对人际关系的处理能力就会越来越差。有些学者将这种言语虐待定义为"制造混乱"，它是"人与人交往过程中人际互动关系的一种表现模式，这种模式的形成是因为遭受到了强烈的进攻欲的压制，这种情况严重地削弱了受害者认知和处理人际关系的能力"。

当这种不明确的言语虐待发生时，受害者往往没有什么应对的办法，手足无措。当然，他们对自己的感受是清楚的，只是不能确定。这时受害者要做的是，必须确信自己的感受，并清醒地认识到以下事实：对面这个人不爱自己，不看重自己，也不尊重自己。尽管接受这样的事实是非常痛苦的，但为了明晰真实的生活状态，我们必须头脑清醒。

乔治·巴赫和罗纳德·多伊奇在他们的著作中列举了受虐者的一些感受，这对你正确地认识言语虐待的经历和体验有很大的帮助：

- ♥ 时不时地就会有生活重心失去平衡的感觉，不知道自己在家庭生活中真正的位置。
- ♥ 备感失落，却不知从哪里重新开始，只能盲目地寻找机会和目标。
- ♥ 经常有措手不及的感觉。
- ♥ 难以沟通，困惑不解，失去方向。

- ♥ 常常得到一些模棱两可的信息，出于各种原因，无法一时把这些问题搞清楚，或者害怕把它们搞清楚。即便想了解这些问题，多半也是不了了之。
- ♥ 只是因为那个人在身边就会痛苦和困扰。
- ♥ 慢慢发现从前自己对那个人的立场和所作所为的评价是错误的。
- ♥ 就像某个理想的破灭和希望的落空，而且完全没有心理准备。
- ♥ 如果一味迁就，对方反而会对自己恶语相向。
- ♥ 感觉在被人牵着鼻子走，无法把握自己的方向。
- ♥ 思想包袱太重，又不能从中摆脱。
- ♥ 很多本来清楚的东西慢慢变得模糊了。
- ♥ 常有心神不宁、困惑的感觉。
- ♥ 经常有某种强烈的逃避现实的冲动，但又感觉僵硬麻痹，不能付诸实践。
- ♥ 常常感到迷茫混沌，又无法有效地解决问题。
- ♥ 对某些事情有所怀疑，觉得它们有些蹊跷，但又不能确定。

看到这里，可能你已经意识到，自己的生活中也存在一些上述的感觉和情形，但不是十分清晰，其他人又很难了解你的真实处境，所以即使与一个有言语虐待倾向的人生活在一起时，有些受害者也不是很能明白这种状况。很多言语虐待的受害者是在与原来的伴侣脱离关系以后，经过好长一段时间才意识到"在过去的关系中时常有受虐的感觉"。

言语虐待当然是一种侵犯行为，而且带有很强的敌意，对受害者的精神会造成极大的伤害。施虐者往往会有意或无意地否认他的所作所为，为自己的行为寻找各种借口，常用的方式是指责因为对方才导致了自己的虐待行为。事实上，言语虐待者的行为绝不是他的受害者引起的，而是来自其自身。无论在何种情况下，你都别指望有一天他会突然醒悟，说："哦，天哪，你看我都做了些什么，我真的很抱歉，以后决不会这样。"正因为如此，言语虐待行为往往不为当事人之外的人所认识。所以，通常关系越亲密越有可能受到言语虐待，也只有当事人才能真切地感受到这个问题。"因为这种侵犯行为对受害者的伤害太大，影响太深，所以受害者们能够清楚地意识到它的存在。"

但是，由于施虐者的否认和指责，受虐者往往也容易被误导，对自己的感觉产生怀疑。所以到底什么是言语虐待，受虐者要想正确认识还存有困难。比如，对方说的一些话有时会使她感觉受到伤害，有时会让她的内心忐忑不安，她希望向伴侣诉说她的感受："你这样说话让我感到很不舒服。"而言语施虐者不但不体谅对方的感受，也不会对其进行恰当的安慰，反而忽视甚至否定对方的感受。他会说："我不知道你在说些什么，你也太敏感了。"长此以往受害者就会怀疑自己是不是真的太敏感了。

为什么会发生这种情况呢？这与大家生活环境的不同有关。童年时期，如果孩子的感受被忽略，大都会引起人们的重视，亲人会告诉他们，应该有人关注他们的感受，他们也就会注意到自己的感受，并且要求表达出来。然而成年人的感受被忽略，却没有人会太在意，甚至被误导，以至于怀疑自己的感受。事实上自我感受的判断对成年人来说也是很重要的，能以此评判自己的生活状态是否存在问题、是否安全。

受虐者能够意识到自己的感受，并能使它发挥作用时，就会开始意识到自己的生活中存在言语虐待问题。她可能有以下意识：

💜 我感觉受到了伤害，而且正在遭受伤害。

💜 我感觉受到了歧视，而且正在遭受歧视。

- ❤ 我感觉受到了藐视，而且正在受到藐视。
- ❤ 我感到被误导了，而且正在被误导。
- ❤ 我感到被忽略了，而且正遭到忽略。
- ❤ 我感到被愚弄了，而且正在被愚弄。
- ❤ 我感到孤独，而且感觉越来越有隔阂。

  （你可以诸如此类地填下去。）

- ❤ 我感到_____，而且正在被_____。

如果受虐者意识到自己遭到言语虐待，希望与施虐者讨论被侵犯的感觉，可以肯定的是，施虐者一定会否认受害者的感受。比如，他会以嘲讽的口吻来嘲弄她。如果她意识到这一点并进行抗议时，他又会说那只不过是一个玩笑而已，这时受虐者就可能对自己判断的真实性表示怀疑。然而，"对受到言语虐待事实的判断不是依赖于别人的看法，而是取决于自身的认知"。

第二章

控制欲的真实表现

没有精神的世界只能是一片废墟。

——约瑟夫·坎贝尔

在这个世界上，存在两种权力，一种扼杀人的精神，一种鼓舞人的精神。前一种是支配权力，后一种是个人权力。

支配权力表现为统治和支配别人的倾向，个人权力则表现为人们彼此间相互依存，共同发展。相互依存是一种美好的人与人之间的交往方式，通过这种方式，人们可以更好地沟通，设身处地去理解他人的境遇，在行使自己权力的同时，不侵犯他人的权力。在这种关系之下，人与人之间的目标是自我与他人都能取得进步，获得幸福。共同发展说的是一个人生活态度积极，广泛参与社会活动，愿意与他人分享自己的喜怒哀乐，并认为这种生活态度有助于实现自己的人生目标。个人权力模式之下，会形成一种非常和谐的人际关系（我们将在第三章和第四章对这些概念进行更为详尽的探讨）。

言语虐待是控制欲的一种表现，它不仅是一个具有个人特征的问题，而且是一个文化问题，并具有全球性特征。出现这种问题往往是滥用权力的结果，因此，从这一章开始，我将从广义的角度对支配权力进行研究，并进行综合性考察。

对于万事万物，每个人都有自己的理解，支配权力是理解的方式之一。信奉支配权力的人看待这个世界，就像一个人通过镜头来观察事物，在看到真正的世界之前，他们已然有了自己的观察方式。信奉支配权力的人认为人与人之间是互相倾轧的关系，所以他们经常滥用自己的权力，希望通过控制别人得到自己想要的东西。西方的文明就建立在支配权力的基础上。如今，作为一种文明，我们仍然对整个地球及其人口和资源有强烈的控制欲。人类既然有力量推翻整个世界，也就可以破坏整个世界。但我认为，支配权力这种维系世界运转的模式可以叫停了，因为其危害相当大，突出的表现是我们赖以生存的地球已经出现了很多严重的问题，比如，环境污染、贫困饥饿、无家可归、偏见和暴政以及一些潜在的毁灭性因素。

种种现象已经伤害了人类的尊严，降低了人们的生活质量，引起了广泛的关注，支配权力模式带来的诸多问题到了非解决不可的程度。控制欲首先表现为对人的生命的控制。要控制人的生命，就会否定人的价值和尊严。在人际关系中，就会出现一个人对另一个人的屈服。千百年来，以统治和支配别人为特征的支配权力模式一直存在，主要表现为一种个人主义的意识形态，只注重发展个性，关注个人感受，忽视他人和整个社会群体的利益。如今，这种模式已经将全球引向混乱的边缘。

现代科技的发展表明，我们的地球并非完全无序，除了存在混乱，新秩序也在逐渐形成，问题是这种新秩序的依据是什么呢？当然可以制定一些新的法律法规，但是这些法律法规要能够实施，才能对新秩序产生影响，所以只制定法律难以形成新的秩序。发动战争，更多地行使支配权力更不能建立新秩序，那只是旧秩序的延伸。我认为只有摆脱个人主义的意识形态，关注整个社会，关心他人，以此为我们世界观和价值观的基础，才能建立一种新的秩序。

正因为如此，我们更需要认识到言语虐待就是一种统治支配别人、以权压人的手段，是一种与新秩序背道而驰的观念形态和表现行为，这种现象应该引起我们大家的普遍关注。

文明的发展是一种宏观存在，而宏观世界是由微观世界的个体组成的。所以，个人之间的人际交往构成的微观世界会影响人类社会文明的发展进程，就像人类社会长期以来形成的文明，那些习惯和文化，会影响人际关系一样，我们要讨论的这种关系是微观世界的组成部分，它当然会影响到整个社会文明进程的发展和变迁。如此一来，每个人日常生活的一举一动都会对整个人类文明进程产生影响。所以我们必须对自己有一个正确的评价，保持清醒的头脑，对自我表达和自我保护的方法了然于胸，这是评价伴侣之间关系不可缺少的标准。

要想正确认识支配权力模式之下的人际关系，使自己不受这种模式的影响，我们必须对自己有清醒的认识——在说些什么，以什么方式在表达。当然，我们还要学会倾听，弄清楚别人对自己的言谈是如何理解的，产生了什么影响，同时也要考量他们是以什么方式在进行表达。只有正确认识这些问题，才能使我们意识到自己是否有尊严，是否受到起码的尊重，是否可以自我保护，是否保持着应有的自尊，也可以把这种价值判断扩展至全部有生命的东西。这种判断很有意义，是由微观走向宏观的重要阶段，进行判断的前提是要相信自己，对自己充满信心。

对一个受虐者来说，要做到正确认识并肯定自己的价值是很困难的，因为言语虐待也会像其他具有破坏性的行为一样，使受害者感到迷惑，降低其判断能力，并让受害者难以进行有效抵制。就其本质而言，言语虐待打击的主要是受害者的精神，而且行为隐秘，通过言语之中暗含的恶意来伤害对方，或者对受害者的意见表示轻慢，从而达到打击受害者自信心的目的。在我采访的"问题女士"中，很少有人意识到在她们的生活中存在着问题，当然了，更不会将自己看作受害者，她们只知道有些事情不对劲，但又说不清问题的症结到底在哪里。有些人虽然离开了原来的伴侣，但伴侣的言语虐待可能只是其中的一个原因，十有八九还存在其他问题。

有言语虐待问题的这些关系中，受虐待的一方习惯默默忍受着对方的言语虐待，自己并没有清醒的认识，即使自尊心严重受挫也意识不到。受虐者常被施虐者指责、羞辱，施虐者把她说成是相互关系不融洽的主要原因，从而使受害者成为替罪羊并渐渐地成为这种关系的完全受害者。

接下来我们将进一步讨论一个言语受虐者如何才能摆脱受虐的地位，找到自己正确的位置。言语虐待的受害者面临的局面往往是极端无助、混乱的，所以首先得从这种局面中摆脱出来，对自己的价值形成正确的认识，培养自己的自尊心，只有如此才能在现实社会中找到自己的位置。要做到这一点，我们必须对言语虐待的特征和本质有一个清醒的认识。

支配权力模式的人际关系起初是如何产生、发展的呢？爱丽斯·米勒的著作《为了你好》以及约翰·布兰德肖的著作里都讨论了这个问题。他们认为这种模式的出现是由于"不良教育"，同时也是"不良教育"的无限延续。不良教育是指成年人在教育或抚养孩子的过程中采取了不恰当甚至是恶毒的方法，比如父母或老师本是支配权力的信奉者，理所当然会对孩子恶言厉色或冷言冷语，使孩子的身心都受到严重的伤害，对孩子思想和行为造成严重束缚。从小在这种压抑的环境中长大的孩子，身心都会经历巨大的痛苦，长大成人后，依然难以摆脱童年生活中那些痛苦经历的影响，童年和少年的经历已经在他的生命历程中打下了深深的烙印。成年之后，他会不自觉地将年少时期的经历加以延伸，在日常生活中重复童年时代的种种体验，这时他从一个受害者变成了一个施害者，对家人滥用权力，企图控制妻子或孩子。结果，他本身也成为一个支配权力的信奉者，继续伤害其他人，从而形成一种支配权力模式人际关系的恶性循环。在我采访过的言语虐待行为的关系中，就发现这种所谓不良教育产生的恶果。

在上面的章节，我们考察了支配权力模式的一些人际关系行为。其实，在我们这个世界，很多人或机构都有强烈的支配欲，小到个人，大到国家，都有控制和支配他人的动机和愿望。研究表明，只要有机会，某些人就会运用手中的权力去控制和支配他人，对权力的幻想也会无限扩大，人性就是如此。可悲的是，很多人唯一感兴趣的就是以权力控制别人，他们为了满足自己的控制欲而不顾一切，即使没人可以控制，也要创造出一个人来，家庭中的控制就是这种病态的反映。

对权力体验和运用的另一种模式是个人权力，在此模式下，你不会在意谁是胜利者，谁是失败者，谁是统治者，谁是服从者，更不需要在实际生活中明确自己的统治地位和他人的被统治地位，也不需要有明确的权力去控制他人。个人权力模式是人们通过彼此间相互依存、共同发展建立起来的一种和谐的人际关系，这将是我们认识世界，并在这个世界中生存的一种新途径。

下面，我们一起来继续考察人们对权力的两种不同的认识，在研究中我发现，一对伴侣如果从小生活在不同的模式之下，对他们之间关系的认识也会有所不同。比如，一个生活在支配权力模式下，总企图支配和控制他人；另一个生活在互相依存的个人权力模式下，表现为试图沟通，相互理解。因为两者的生活模式不同，所以难以相互理解，也弄不清彼此的真实面目，那么相信个人权力模式的人往往成为受害者。

我在研究言语虐待的关系过程中，发现了很多问题，最有意义，也最令人惊讶的是，言语虐待者与其伴侣生活在不同的权力模式之中，言语虐待者倾向于控制和支配，当其伴侣情绪高涨或有所追求时，往往遭到言语虐待者的打击；受虐的伴侣倾向于依赖和协商，更多的时候是自责，将两者关系不融洽或自己痛苦的感觉归因于自己。

为了简便起见，我把他们的生活分别称为状态Ⅰ和状态Ⅱ。状态Ⅰ是指支配权力模式的人际关系，状态Ⅱ是指个人权力相互依存、共同发展的模式。换句话说，那些喜欢控制和支配他人的人生活在状态Ⅰ之下，这些人认为只有通过控制别人才能保证自己的自由，否则就会有不安全感；那些认为要相互依存、共同行使权力的人生活在状态Ⅱ之下，这些人在尊重别人权力的基础上行使自己的权力，努力建立和谐融洽的人际关系，在这种人际关系之下，人们彼此平等，都能感到自己的价值和尊严。

到了今天，状态Ⅰ存在的危害越来越明显，已逐渐成为大家的共识。但人们还没有广泛地接受状态Ⅱ。我们还不能按这种新的模式进行思考，确立我们的行事原则。但是，状态Ⅰ的危害告诉我们，如果人们之间的关系不能尽快建立起新的模式，形成状态Ⅱ那种和谐的环境，我们生活的世界将会面临毁灭的危险。人人都能感觉到危险的存在，但旧模式的势力犹存，新模式还没有产生其应有的影响，所以现在我们还在两种对抗的模式之间徘徊，既看到了状态Ⅱ的优势，又不能完全摆脱状态Ⅰ的影响。

在这里我要告诉大家的是，摆脱这种尴尬也不是绝无可能。可以试图去理解，在这两种模式下建立的伴侣关系各自有什么表现，我们是否已经生活在状态Ⅱ之下，是否能充分认识处于状态Ⅰ之下那些人的表象和本质，比如这些人认为"在爱的氛围中也好，在对抗的氛围中也罢，一切都是公平的"，他们认为不管双方处于哪种状态，都是一种自然的结果，所以他们根本不去营造爱的氛围。通过对上述问题的认识，我们看到了这些人的本质，所以就可以有意识地避免它的危害，从而摆脱冲突和尴尬。

如果一个受虐者是在压抑、受束缚的环境（即在状态Ⅰ）下成长的，长大以后进入一个宽松、自由的环境（即状态Ⅱ），她会发现自己很难区分这两种状态，因为状态Ⅰ之下的生活已经使她丧失了对自我价值的判断能力。只是因为她的配偶是一个信仰个人权力依存模式的人，因而他们彼此间关系比较和谐，可以相互沟通，但她内心深处并没有明确地要求拥有状态Ⅱ的某些特征，比如自我尊重，她无法有意识地去拥有这一特征。这种情形就像一条鱼可以离开水，但仍不是两栖动物一样。

研究中我还发现了一个重要的事实，很多人虽然生活在状态Ⅱ之下，但与其他人的沟通和交流的模式是状态Ⅰ。在交流与沟通过程中，他们对这种模式非常认可，好像只有这种模式才是有效的，状态Ⅱ之下的交流方式很难成为他们的特征。下面这个例子可以帮助我们理解这种情况是如何发生的（很有必要多读几遍这个案例，因为它说明了言语虐待关系中的核心问题）。

安是有幸生活在状态Ⅱ之下的一位女士，她认为丈夫齐和她一样也处于状态Ⅱ之下。但我们知道齐不是这样的，而安对此却认识不清。我将他们的日常对话记录下来了，只要你读读，就会发现安的生活状态是处于两者之间的。她一会儿处于自己生活的状态Ⅱ，对齐表现得很宽容；一会儿处于齐生活的状态Ⅰ，表现出困惑和无奈。你还会发现，安一直想象齐的生活状态和她是一致的。下面是他们之间的对话：

齐走进房间，重重地坐到安旁边的一把椅子上，似乎不经意地说："唉，你也太不合作了。"（齐是处于状态Ⅰ中的人，总有控制别人的欲望，他之所以这么说，是因为安有些脱离他控制的迹象。）

安不知道齐的意思，因而有些困惑，问："你怎么这么说？"（在安看来，齐的质问好像还很有道理，因为她认为齐和她一样，处于状态Ⅱ下，在两个人的关系中更愿意寻求相互之间的沟通。基于这样的想法，她认为齐有理由说："你是一个不合作的人。"安从没怀疑齐对他们之间关系的态度。）

而齐呢，只想控制和支配别人，因为控制欲，他开始向安发难。对他来说，他说的话是不能被质疑的，安只能听着，然后检讨自己为什么是一个不合作的人，而不能怀疑齐所说的话的真实性。

当安问"为什么"的时候，显然没有怀疑齐的意思，因而齐回答安的问题时，带着明显的胜利者的姿态，以愤怒的语气回答："因为你连这个滚到你脚边的水果都不愿帮我捡起来。"

安这才意识到事情不对头，开始自我保护，说："可我并不知道你在捡水果。"

齐厉声说道："可是我在捡。"

在齐看来，他取得了胜利，他已经将支配权力的人际关系模式付诸实施。他打击了安对自身的基本认识，因为安对他提出的问题的第一反应是"为什么"，说明安对他毫不怀疑，而真的相信自己在与伴侣相处时存在问题。齐并不关心安的心理状态，他达到了目的，因而感觉非常好。

毫无疑问，在这个案例中，安受到了伤害，感到无比的沮丧，因为她无法得到齐的理解。其实，她是一个很好合作、很易相处的人，而齐对她仍很不满意。她对齐的期望感到无能为力，同时也很困惑，为什么齐不明确地说出来他需要她帮忙捡那个水果，却在事情发生后来指责她。她根本意识不到这不是捡一个水果的问题，而是齐想证明自己在两人关系中的地位。但安一点儿也不了解齐的这种心理状态，对齐的这种想法也一无所知，因为齐经常告诉安他是多么爱她，使安根本不可能了解齐的这种想法。因为对安来说，爱即意味着双方的沟通与交流，意味着双方都要付出，互相体谅，拒绝控制与支配的因素。

那么，如果安直截了当地告诉齐"你说我是一个难以相处的人，我觉得自己受到了伤害"时，齐的反应会是怎样的呢？作为一个绝对的言语虐待者，齐会装作没听见，或者会说"你就是喜欢小题大做，无事生非"，又或者（以讽刺的口吻）说"如果我这样说话你都感觉受到了伤害，那么，对不起了"。也就是说，齐或者逃避，不想将这个问题深入下去，或者虚情假意地道歉，目的还是使这场谈话终止。

安只能无言以对，但那种受伤的感觉和困惑挥之不去。

如果齐也生活在状态Ⅱ之中，即人与人之间是通过相互依存行使权力的模式，会是什么情形呢？他会说："哦，真的很抱歉。我只是希望不必我说，你就已经知道我在捡水果，这表明我们之间很默契，不用我提出要求你就知道帮忙。"而后两个人都会意识到齐过于苛求了，问题在于齐，而不在于安。不过还好，齐对自己的做法感到抱歉，那么，就有纠正的可能。

安是在状态Ⅱ的环境中长大的，对于人与人之间的一些刻薄要求会感到很陌生。因为在状态Ⅱ之下，任何人都不会这样对待别人。所以，安应该意识到，齐不应该有任何理由说"你很不合作"。如果她认识到了这个问题，就能意识到齐和她不是生活在同一种状态之下，马上就能有所反应，用"不可能"之类的话打断齐的厥词。因为在状态Ⅱ之下长大的人，知道自己是很容易相处的，所以她不会接受任何轻视和诬蔑，也不会将困惑留给自己，不会去为"自己为什么不能博得齐的理解"之类的问题伤脑筋。生活在状态Ⅱ之下的人，与状态Ⅰ的种种特征格格不入。他们知道状态Ⅰ之下的人更感兴趣的是"我赢了，你输了"，而不是试图理解对方，去思考在不融洽的关系中自己应该负的责任，因为他们更关心自己的权威。

这种权力不是彼此相互依存行使权力的个人权力，而是支配权力。支配权力是窃取的权力。只有在状态Ⅰ的模式中才能形成这种情形——如果你找不到其他人可以控制的话，你就根本没有任何权力。

我们换个角度来看看齐的控制欲，就更能理解齐为什么要支配别人。通常，心理学中将一种感觉叫"窒息恐惧"，有这种感觉的人总害怕受到他人的压制，因此对别人的行为极其敏感。生活在状态Ⅰ之下的齐，或者压制别人，或者认为自己被别人压制，因为在这种状态下，没有人与人之间的相互沟通与依赖。所以为了保证自己不受压制，生活在状态Ⅰ之下的人只能压制别人。

很多女性朋友的生活中，可能也有齐那样的言语利剑相伴随。即使齐这类人对这些恶言恶语已经没有任何感觉了，几乎是家常便饭，她们也可能会接受这样的事实，不去努力改变。但是，支配权力具有很强的敌意，没有人可以真正和一个有敌意的人长期生活在一起，所以受虐的人会对这个问题有所察觉。但除非言语的施虐者自己想改变，否则他不会因任何外界因素而改变。如果受虐者面对施虐者的语言攻击，意识到了这种虐待的本质，并且要求施虐者改变语言习惯却遭到其拒绝，且施虐者的态度很强硬，就像他们惯常说的那样"我想怎么做就怎么做"，受虐者由此可能会觉得施虐者真的会肆无忌惮，同时，她也会意识到，站在施虐者旁边听他大放厥词并不能证明自己的价值，因为自己完全没有必要这样做。

第三章

尊重且理解：非虐待行为关系

> 爱是给孩子一个自由的空间，而不是控制孩子的行为。
>
> ——埃里克·弗罗姆

　　状态Ⅰ中施虐者对伴侣有着强烈的控制欲，并由此导致夫妻关系恶化，矛盾丛生，但这是我们下一章分析的内容。在这一章里我们主要探讨状态Ⅱ，理解与分析在状态Ⅱ下的人们用何种观点看待生活及身边的爱人。

　　个人权力的核心是平等，体现的是人与人之间相互依存、共同发展的关系，来自每个人对自我清醒的认知。他们了解自己真实的能力，知道自己确切的愿望，自信且积极地参与社会生活，平等地与爱人共处。这样形成的夫妻关系是轻松自由的，在这里，没有谁要求控制谁，更没有谁渴望被另一个人控制，他们对待生活主动、从容，对待别人理解、包容，其人际关系模式是相同的。

　　状态Ⅱ是一种理想的关系模式，其最大的特点就是和谐。也许与伴侣充满矛盾的你常常问自己："为什么我们就是要吵，吵，吵？我到底要怎样他才能理解我、支持我？"你的自问是徒劳的，因为状态Ⅱ之下的伴侣关系是分享型的，形成这种关系需要两个人一起努力，任何一方只凭一己之力是无法实现的，只有两个人具有相同的意愿，才能达到家庭和谐。同理，也正因为它是一种分享型的关系，只要一方不合作就会阻碍这种关系的产生，并恶化成一方控制另一方的关系模式。

在人际交往中，平等的合作主要表现为充分展现你的活力及自由运用你的权利。这样的人际关系不会让你失去自我，相反，你的个性与志趣将在这种宽松的环境中得到充分的释放与自由的发展。在这样的人际关系中，我们保持着自己宝贵的创造力，体验着个体的力量，按照自己的意志行事——只要不干涉别人的权利，就可以保留自己的个性。但如果我们不注重内心的感受，就无法理解并运用个人权力。

个人权力包括知情、选择和创造的能力，拥有它们我们才清楚自己到底想要什么，不想要什么，什么东西才是我们最需要的。当个性在宽松的环境中张扬，创造力和个人权力就会轻松地实现，呈现在我们眼中的就会是一个彼此支持、相互依赖、创意与灵感不断涌现的五彩缤纷的世界。这与那种支配权力的人际关系模式下形成的单一的等级社会结构大相径庭，要有趣与精彩得多。

个人权力的完美体验使我们形成了一种以相互依存、彼此合作为特征的新的世界观，带着这种世界观生活的人就拥有了状态Ⅱ的环境，下面，我们将考察这个环境中的人们的生活状态。

生命是神圣、诡秘和变化莫测的，然而老一代死去，新一代诞生，我们成长和接受新事物的方式却是惊人的相似——得到，失去，然后带着失去的痛楚开始下一段旅程，新的东西渐渐填满那曾空虚的心灵——新旧更替是生命延续和生活发展的共同规律。生活的整个过程就是个极其精密、复杂的动态系统，它既繁衍与保护着生命，也创造、优化着生命。在人际交往中，虽然每个人都有自己的处事方式，但他们都用相似的理念来对待生命历程。地球为人类以及自然界各生物的发展提供了源泉，使我们能够生生不息、世代繁衍；存在于地球上的生物也反作用于这个他们赖以生存的星球，使它发生着各种变化。在一个良好的生态环境中，所有的生物就像阴阳五行相生相克，要想平衡，就谁也不能否认谁的存在。同理，在人类社会中，个人的权力同样需要社会的支持与认可，我们既维护自己的个性，也尊重他人的权力——这样的生态系统必将繁荣，这样的和谐社会必将昌盛。

生活在状态 II 下的人们自尊且自信。他们不会整天疑神疑鬼地担心被欺侮与算计，更不会对他人图谋不轨。我们要小心那些不生活在此状态之下的人，防止他们的方式、方法给我们带来伤害，我们也不能容忍自己贬低别人，因为那种彼此尊重、相互宽容的生活环境早就让我们明白贬低别人即是贬低自己。

生活在状态 II 之下，互相沟通和彼此合作是维系个人权力的必要条件。交往的双方要使自己融入这种关系中，既要成为整体中的一员，又要保持独立的人格。他们本身就是和谐人际关系的保障。

下面我列举了状态 II 之下的人际关系的一些表现，在这种关系中每个人都有这样的想法：

- 💜 表达自己，也倾听别人。
- 💜 分享你的快乐，也享受着别人的快乐。
- 💜 不掩饰自己的特点，不忽视他人的个性。
- 💜 尊重自己，也尊重别人。
- 💜 敢于且乐于创新，并为他人的努力而惊喜。
- 💜 关注自己的成长，也关心他人的进步。
- 💜 珍惜自己的独处，尊重他人的"寂寞"。

💗 做自己喜欢的事，鼓励别人发展自己的兴趣。

💗 依照自己的节奏行事，同时也兼顾别人的步伐。

💗 不苛求自己，也宽容别人。

💗 担负自己的责任，帮助别人克服困难。

💗 保护自己，宽恕他人。

💗 了解自己，也了解别人。

💗 保持自我，也接受他人的个性。

💗 爱自己，也爱别人。

上面列举的种种情况都是理想化的。实际上，还有很大一部分人际关系处于状态Ⅱ和状态Ⅰ之间，前者对其施于正面的影响，后者反之。这种中间地带的人际关系构成一个非常复杂的系统，以至于我们很难明确地说清楚哪些行为是前者作用的结果，哪些行为又拜后者所赐。然而，如果我们放宽研究的视角，也可以在这错综复杂、模糊不清中尽可能地找到一个临界点。是否存在言语虐待的标准是，说话人是否能将自己的真实意图告知对方，或力求表达清楚；听者是否有兴趣倾听或者允许说话者完整表达，如果有一方的言语或态度表现出以自我为中心、不尊重或贬低对方等特征，这就是言语虐待。

一个人被别人贬抑时，想让他确信这是对方对自己的伤害，需要有足够的自尊与自信。一个生活在状态Ⅱ之下、有强烈自尊心的人，必须认识到在他们的伴侣关系中，他拥有以下权利：

💗 受到对方尊重。

💗 得到对方感谢。

💗 与对方一起分享自己的情绪。

- 拒绝粗暴和含人身攻击的语言。
- 开诚布公地交流，且得到准确的信息。
- 得到充分理解，人人平等。
- 双方彼此欣赏，彼此关注。
- 享受温暖的家庭环境，相互爱护。

自尊心在状态 II 之下是极其重要的要素，为了说明这个问题，我将做一个比较。在家庭关系中，有的受虐伴侣有状态 II 之下的那种强烈的自尊心，有的没有，我们来看看她们对受虐的反应有什么不同。

我还用上面安和齐的例子。如果安没有强烈的自尊心，她受到齐的质问时会这样想：齐对我大喊大叫，那是因为他不了解我真实的想法，是我做的有些事使他恼火，他才这样。但这都不是我想的，也不是我要说的，更不是我要做的，只是他的理解产生了偏差。所以只要向他解释清楚我的本意，他就会释然，我也会开心了吧。

但如果安有强烈的自尊心，她受到齐的质问时应该这样想：齐没有理由地对我大喊大叫，不过是又在我身上发泄他的臭脾气，这让我很受伤！我应该马上让他闭嘴，因为他的行为没有任何正当理由。如果安能有这样的反应，说明她的自我意识很强，她很清楚自己不会接受任何言语虐待，也不会屈服于任何人对自己的大喊大叫。

由此可见，对于同一场谈话，有无状态 II 之下的那种强烈的自尊心，受虐者的反应是截然不同的。

在状态 II 之下还有另一种情况，即双方都曾对彼此态度恶劣，且恶言相向——这是我们每个人都可能犯的错误。然而，只要双方都属于合理利用个人权力的人，他们仍能保持关系的和谐，因为他们可以通过相互交流了解彼此的错误，通过相互支持来解决存在的问题。

　　以上是我设计的一种理想伴侣关系的模式。这种模式给那些受虐者提供了一种参照，她们可以比较自己的伴侣模式，以判断是否存在言语虐待问题；同时也可以起到模范作用，提醒人们去思考什么样的伴侣关系更好，从而努力避免那些不利因素。在另一种恶劣的伴侣关系模式中，受虐者想评价她们的伴侣将更容易，在下一章我将更加深入地探讨施虐者及其伴侣的生活状态，以及虐待型的伴侣关系。

第四章

操纵且否定：虐待行为关系

在权力游戏中，有一些规则来自内心深处，我们本身并没有意识，只要找到这些规则和一些合理运用权力的方法，我们就可以改变它们。

——爱丽斯·米勒

对许多人来说，判断伴侣是否存在言语虐待是很困难的，所以在这一章里，我将带领大家深入观察施虐者的生活状态，分析他们采用何种方式与伴侣沟通，并总结出言语虐待者的一些共同特征，以及大多数虐待型伴侣关系存在的一般条件。

在状态Ⅰ中长大的言语虐待者形成的世界观根深蒂固，因此若想使他有状态Ⅱ的表现，首先，必须使他重新认识和校正那些在童年中获得的经验——那些使他感到无助、恐惧的经验——正是这些经验夺去了他的安全感，从而促使他以控制别人来填补自己内心的空虚与脆弱。

言语虐待者生活在状态Ⅰ之下，也依照状态Ⅰ的标准来评价自己。他们通过控制和支配伴侣来体验自己的权力，却从来不会认为这伤害了他人。一个言语虐待者永远都不会承认自己在操纵、控制别人，如果他真能承认这一点，那他也就克服了恐惧，敢于面对自己的脆弱，也就能理智地找出带给自己不安全感的真正原因，摆脱控制别人的臭毛病。

受虐的伴侣为了缓和夫妻关系，往往会表现得更加温柔、体贴，以诚相见。但施虐者无视甚至逃避这一切，因为这正好击中了他的命门——他害怕自己具备这样的特征！在状态Ⅰ下，这样即是脆弱，而脆弱就是死亡！所以施虐者决不允许自己有脆弱的一面。

施虐者进行言语暴力的一般情况是，在伴侣还没有意识到这是一场战争的时候，通过破坏、践踏伴侣的自我感觉来取得胜利。而一旦伴侣有所觉醒，他会立即否认这是虐待，甚至会反唇相讥：你根本就不知道你在说什么！受虐待者会因此而茫然，自信的基石倒塌，开始怀疑自己的判断力。

相比较而言，肉体虐待是另一种情形。施虐者不会否认自己的行为，他会痛哭流涕地道歉，捶胸顿足地悔恨，信誓旦旦地表示决不再犯——虽然他很可能会重复自己的虐待行为；受害者也不会再疑惑自己是否受到了伤害，伤痕累累的身体说明了一切，她困惑的是虐待者为什么一而再、再而三地出尔反尔。当然，事情也有例外，曾任加利福尼亚州肯福德市"家庭暴力受害妇女援助协会"顾问的苏珊·哈拉奇指出，在有些情况下，肉体施虐者也会否认自己的行为，使受害者感到困惑，对自己是否受到虐待产生怀疑。

因为言语虐待并不像肉体虐待一样有明显的特征，所以辨别它是很困难的。有一个从言语虐待的环境中逐渐醒悟过来的受害者说："如果你不曾生活在一个有言语虐待的环境中，就不会知道什么叫言语虐待；如果你生活在这个环境里，也不会知道这就是言语虐待。"这话从一定程度上反映了生活在不同状况下的人对认识言语虐待问题存在的困难。

认识言语虐待之所以困难，除了因为它没有明显的标志，还因为施虐者的行为为其作了掩护。施虐者一边伤害伴侣，一边大放厥词宣称爱她，被爱是每一个人渴望的事，所以哪怕是自欺欺人，她也宁愿相信他的话。"他说他爱我，就一定爱我。"她会这样自我安慰。我们只能说，生活在状态Ⅰ下的人们所言之爱情与生活在状态Ⅱ下的人们所言之爱情有很大差异，不能相提并论。

具有讽刺意味的是，我采访的所有受到言语虐待的人都经常听到她们的伴侣反反复复地说下面的话：

"我爱你。"

"没有谁比我更爱你。"

"我不会做任何伤害你的事。"

"我只是希望你快乐。"

千人千面，每个言语虐待者的表现特征也有各自特点。有些是显性的，爱支配、控制别人，且吹毛求疵；有一些却恰恰相反，他们很多时候就像个隐形人，不会对你指手画脚，但一旦你有所要求时，他们就会表现出强烈的控制欲，企图给你"洗脑"；还有一些人整天怒气冲冲，似乎世界永远欠他的。有些人热衷于群体生活，有些则宁愿孤独地老去。尽管虐待表现各不相同，但他们对伴侣造成的伤害是一样的。

言语虐待者可能表现出以下特点：

♥ 急躁易怒。

♥ 莫名发火。

♥ 不可捉摸（你从不知道为什么会惹怒他）。

♥ 易紧张。

♥ 不尊重伴侣的感受，不接受伴侣的意见。

- ♥ 控制。

- ♥ 不温柔，少宽容。

- ♥ 不表达自己的想法，不善交流，苛求别人，热衷争论。

- ♥ 外人眼中的"好好先生"。

- ♥ 喜欢与伴侣竞争。

- ♥ 整天闷闷不乐。

- ♥ 忌妒心强。

- ♥ 变化多端。

- ♥ 吹毛求疵。

- ♥ 对伴侣有敌意。

- ♥ 隐藏自己的情感。

这些现象有的言语施虐者表现得少一些，有的表现得多一些，有的甚至表现出全部，但都很难识别，而且他们往往黑白颠倒，比如一边怒气冲冲地指责你，一边却大声宣称自己多么和善，这就使得受虐者更难清醒了。

一般来说，受虐者想要客观、清晰地描述她的伴侣是什么样的人是很困难的，许多受虐者在被这样问到时会感到很茫然，尤其是当她意识不到两个人生活在不同的状态中时，描述伴侣就会更加困难。而言语施虐者从不屑与伴侣沟通，他唯一感兴趣的是控制，为了达到这个目的，他用变化莫测的行为和想法使伴侣难以跟上他的脚步。困惑不解的伴侣总是试图去理解施虐者的意图，这就更容易被他控制了。所以人们要研究成年人的两性关系，从两人所处的状态去考察是很有意义的。

在言语虐待关系中，双方想建立信赖简直是幻想。形成可信任的伴侣关系需要双方内心的一些积极的渴求，而他们不但不具备这些积极因素，相反却有许多消极因素存在。下面我列出他们现有的以及良好的信赖关系下应有的因素，然后举例作详细讨论。需要说明的是，这些例子都源于真实的伴侣关系。

现有的因素	应有的因素
不平等	平等
竞争	合作
操纵	交流
敌对	友善
控制	亲密
否定	肯定

◎ 没有平等只有不平等

　　言语虐待者需要支配权来控制伴侣，所以他难以接受双方平等的事实，尽管他会一直宣称"我们是平等的"。原因何在？因为对一个有言语虐待倾向的人来说，对方的平等就意味着自己的低下。在双方平等的情况下，他的要求需要征得对方的同意，如果不合理就会遭到断然拒绝——谁也没有权力控制谁。这简直让他失去控制，而失去控制也就失去了安全感，也就活得不像个男人，因而想让言语虐待者从心里接受"平等"简直是天方夜谭。

　　辨别伴侣关系中是否存在不平等是很容易的，方法之一是判断夫妻双方能否共同设立目标并一起决定如何将目标实现。有言语虐待的伴侣关系中，夫妻双方不能真正地坐到一起，互相交换意见，讨论并制订一个共同的计划。因为在状态Ⅰ之下，交流与平等是不存在的，而没有交流和平等就无法称之为共同。所以在虐待型的伴侣关系中，受虐者会发现他们根本没有共同的目标，因为伴侣根本不和她讨论——不管是长期的还是短期的，他都独立做计划，把她当作局外人。他甚至不愿意和她讨论如何共度一个周末。这世界本该最亲密的两个人却像隔着万水千山，从来无法交换意见。通过下面这个例子，你可以看出言语虐待者根本不愿与他的伴侣平等合作。

贝拉想在周六放松一下，她觉得午后到附近的湖边散步是个不错的主意。于是在这天早上，她问丈夫伯特："伯特，我想知道你今天有什么计划？"

伯特莫名其妙地就火冒三丈："我干吗非得有什么计划？"

贝拉回答："我只是想咱们今天下午也许可以做点儿什么。"

"我看不出为什么我一定要为今天下午做计划。"他恶狠狠地说。

"你发什么疯啊！我真不知道你在生哪门子气。我从来没说过你必须做出计划。"贝拉有些无辜。

"我不是发疯，我只是不想再讨论这个问题了。"伯特咆哮着，"是你先计划好了，现在你只是试图实施你的计划。"

贝拉无言以对，只剩下困惑、沮丧和难过。这种情绪是难以名状的，一方面她感觉十分难过，几乎都难以承受了，另一方面她却根本无法继续说清这种感觉——过去也常常发生这种事，在这种情况下伯特会一口咬定她现在"就是想实施自己的计划"。

贝拉很难过，花了很长时间去思考自己到底做了什么不得体的事，以至于惹怒了伯特。她会不断痛苦地反思：我是不是很强势而让伯特有这种强加于人的印象？我的语气是不是太生硬、丝毫不能商量？她甚至想：我是不是真的不想和伯特商量呢？我内心是不是潜藏着一个不可告人的意识，那就是希望伯特的生活以我为中心，永远围着我转？

贝拉在交谈后会胡思乱想很长时间，身边没有人能够帮助贝拉，让她从这种情绪中解脱出来。

下面是发生的另一件事。

伯特从后院走进来，说："我想更换屋后的露台，这要花×××美元。"

贝拉非常高兴，但她知道家中现在的经济状况，所以回答说："哦，非常好。但如果更换整个露台，我们现在的钱还不够，不如这样，我们先换一半，以后再换另一半。"

"如果我们不能换，那就不换好了。"伯特愤怒地嚷起来。

"现在换整个露台的钱很紧张，但不久后我们肯定能做到。我们制订一个财务预算怎么样？"

"我不会和你制订什么预算。"伯特仍气鼓鼓的。

"那露台怎么办？"贝拉问。

"我不想和你讨论这个问题了。"伯特继续说，"当你想要什么东西的时候，你总是随心所欲地花钱。"

"不，我并不想乱花钱，我很愿意和你一起制订家庭财务预算。"

伯特带着愤懑大吼："够了！你总有话说。"

贝拉在向我倾诉时告诉我她的感觉是多么糟糕。她说她一直搞不懂，为什么伯特会认为她强词夺理；她也搞不懂，为什么伯特抱怨她花钱太多，而她实际上很节俭，有额外开销时也都是征得伯特的同意后才支出；贝拉更不明白，伯特既然那么在乎花销，为什么又拒绝一起做财务预算？伯特还想更换露台吗？她该怎样解释其实自己非常赞成、乐于合作？她怎样交流才不是喋喋不休、没完没了、永远为自己辩护？

她告诉我如果她再与伯特谈论这个问题，无论以什么方式，伯特都会认为她在找理由，并会警告她不要再找任何理由——他不止一次这样说了。贝拉感到精神上极端痛苦，而又因为有第三者在的时候伯特从来都表现得温和谦恭，所以没人理解贝拉，这更加深了她的痛苦。

贝拉的这种状况经常发生在受虐者身上，她们往往花费很多时间试图去理解类似的种种问题。但理解的前提是她们必须能够认清自己与配偶的关系，如果不能意识到这是一种不平等的关系，就会一直自我困惑。

科拉给我讲述了另一个常见的故事，这个故事说明了为什么她和科特一直不能一起制订计划。

科拉与丈夫科特的收入差异很大，而这些收入在家庭中都是共用的。科特可以拿到代理佣金、管理报酬和额外的奖金，是家庭收入的主要来源；而科拉的收入简直微不足道，她几乎意识不到自己也有收入，因而在双方相处时很不自信。

科拉从来都不能和科特一起为他们的未来制订一个计划。有一次，科拉收入了5万美元，她随口询问科特这笔钱该如何投资，科特马上打断她的话，恐吓她投资是很难的，并指责她没有商业头脑（本书第八章将列举喜欢打断别人的例子）。而在有外人在场时，科特从来不会表现得如此独断专行。

贝拉和科拉的故事表明在虐待型的伴侣关系中，受害者对双方的不平等感到非常沮丧，而且无法改变现状。言语虐待者不愿意与他的伴侣在平等的基础上讨论问题，也不接受双方的平等地位，所以他们总是毫无顾忌地打断配偶的话。施虐者的行为阻碍了夫妻双方的有效交流，彼此宽容、互帮互助的家庭关系难以形成，那些随着家庭诞生的许多益处也就丢失了。施虐者不仅剥夺了伴侣从融洽的家庭关系中受益的权利，也葬送了自己该有的权利。

科拉和科特之间类似的对话也发生在很多虐待型的伴侣关系中，受虐者也无一例外地试图去理解伴侣又百思不得其解。如果她们知道，问题不在她们，而在于伴侣无视这种平等——这才是问题的症结所在——她们也就会豁然开朗了。

◎ 只有竞争没有合作

夫妻双方处于一种竞争的局面是状态 I 的内在本质。反过来说，在这种状态下，夫妻双方互相分担责任与义务是施虐者难以接受的。在虐待型的伴侣关系中，伴侣取得的任何成绩都被施虐者看作是对自己在家庭中统治地位的威胁。施虐者对自身价值的评判不同于常人，他只有在高人一等或战胜别人时才能感受到自己的价值，伴侣无论有何成就，那都是对自己的挑战。多拉告诉我下面这个故事：

迪安出差了，我和孩子待在家里。在清理房屋时我发现浴室有点儿陈旧，于是重新给刷了漆，并赶在迪安回家前做完了。看着焕然一新的浴室，我别提多高兴了，心想这是送给迪安的惊喜。

迪安进门时，我几乎迫不及待地想告诉他，可是为了制造更好的效果，一直挨到晚饭结束，我才打开浴室的门，向他展示我的工作，并且说："看！我给浴室上了漆，看起来多棒啊。"没想到迪安却非常恼怒，他向我怒吼："你认为你做了所有的事，但不要忘了，我也在工作。"我解释说这根本不是我的想法，但他看起来仍然很难过，很生气。

无法使他理解我的初衷，我感到失望、痛苦、沮丧。我怎么会给他这样一个印象，让他认为我想告诉他我做了所有的工作，怎么会这样？

当然，如果有其他人在的时候，迪安从来不会如此愤怒。

由此可见，多拉和迪安的关系是一种虐待型的伴侣关系，在这种关系当中，施虐者往往把伴侣看作竞争对手。而受虐者认识不到伴侣发怒的原因，也会像多拉一样进行自我检讨、自我怀疑。迪安的这种怒吼——"你认为你做了所有的事"——饱含着指责与不满，令多拉困惑不解。之所以出现这种情形，是因为多拉想更多地交流彼此的看法，更多地分享彼此的情感。这种愿望促使她向迪安袒露自己的想法，没想到对方的感觉却与自己的愿望背道而驰——迪安认为这是威胁，是多拉在向他炫耀。随着这种故事的不断上演，受虐者宝贵的彼此分担、共同分享的精神会被逐渐扼杀。

◎ 只有操纵没有交流

言语虐待者需要通过控制别人来满足自己的权力欲，如果他不控制别人就会没有权力感。一旦感觉到失去权力，他可能会通过间接、迂回的手段，最终想方设法控制别人，这就是操纵。操纵别人的方法之一是打断对方的话，阻止对方进一步表达自己的想法，从而将自己的思想强加给对方，而不给对方辩解的机会，对方虽感苦闷和不解，但无处宣泄——这种方法真是屡试不爽。当受虐者想和施虐者讨论某个问题时，施虐者会以退为进——"我就没说过正确的"，这句话包含的实际意思是"我已经决定了，我不会再和你讨论了"，迫使对方放弃。还有一种操纵方法是当伴侣谈到一些自己非常关心的话题时，他们会假装不理解而不予理会，或者假装忘记而不予回应。

对人实施操纵的方法有很多：有所求时俯首帖耳，无所求时针锋相对；怀疑别人的计划，并妖言惑众危言耸听，使计划的制订者困惑不已；无视已经达成的协议或规矩，依然我行我素。这些都是操纵欲的表现形式。下面我举一个言语虐待中操纵他人的例子。

艾伦成家以后，仍在继续她的学业——攻读硕士学位。她发现，每次临近期末考试、她需要时间复习功课时，厄尼就好像有很多重要的事情非要她做不可。她还发现，当她坐在书桌边专心学习的时候，厄尼会走过来，好像对她很关心，以极其诚恳的语气说："你还好吗，亲爱的？"艾伦回答："哦，我很好，怎么啦？""我只是想知道你好不好。"厄尼这样回答。

一开始，艾伦并没有感觉到什么，但几个月以来这种事情不断发生，艾伦才开始意识到不对劲，她觉得厄尼像话里有话，而那没说出来的潜台词似乎是在指责她有什么错似的。这个问题的发现让她无法在厄尼问话的时候保持平静，复习的效率也就大打折扣了。

当然，有人的时候，厄尼从来不会这样做。

◎ 敌意往往隐藏在友善背后

所有的言语虐待都是带有敌意的，要承认这样的事实，对受虐者来说是很令人沮丧的。她们往往会痛苦地问自己："为什么他会对我有敌意，我是不是做错了？"阅读完本书后，所有的受虐者都应该明白：只要与你朝夕相处的人是个言语虐待者，无论你是否做错事，他都会敌视你。

虐待者表达敌意的方式可能遮遮掩掩，也可能毫无顾忌；他表现敌意的频率可能是经常性的，也可能从来都不表现。也就是说，他只是通过种种微妙的手段来控制和操纵他的伴侣。

我采访过的一个女士告诉我，她已经离开了那个具有操纵欲的丈夫，而且法院判决他不得再骚扰她。但她的伴侣几次无视法院的判决用电话进行骚扰，使她饱受过去痛苦经历的折磨。她说："你的电话使我的生活充满了痛苦。"他说："如果你回到我身边，那么一切苦恼就烟消云散了。"我们可以看出，他并不认为自己是妻子痛苦的真正根源，以前否认，现在依然否认。

在虐待型的伴侣关系中，施虐者的敌意往往都隐藏在友善背后，其伴侣不能马上察觉，甚至直到最后一刻才会意识到。例如上文举的那个例子，看起来厄尼好像非常关心艾伦，诚恳地问"你好吗，亲爱的"之类的话，但在这些貌似关心的言语背后，隐含着的是另一层意思：你不要继续学习了！他不希望艾伦完成学业，并试图阻碍伴侣的个人追求。这当然是一个很隐晦的带有敌意的行为。

还有一种是公然示敌，比如对伴侣大喊大叫。这种敌意是相当明显的，即便如此，受虐者也不一定能辨别出来。因为施虐者每次发怒总会有他的理由：总是她做错！如果受虐者像多拉一样已经对这种莫名的罪责习以为常，并心甘情愿地接受，不断反省自己的错——当她最终意识到这是因为伴侣对自己怀有敌意时，那种震惊真是可想而知。她一直认为他们是相爱的，是互相爱护和帮助的，只是他一直不理解自己而已。

友善的伴侣关系完全不是这样的，他们对对方是真正的关心，无比在乎彼此的幸福。我们上面举的很多例子中，受虐者会无辜地问对方："你为什么生气了？"她很关心对方生气的原因，如果她的配偶也会询问："什么事情让你难过？"那这就是友善的伴侣关系。

◎ 有控制怎么可能亲密

当言语虐待者拒绝讨论某个问题时，他就是在杜绝解决这个问题的可能。他通过这种方式剥夺了伴侣表达自己意见的权利，从而达到控制双方关系的目的。由于问题不会得到解决，受到伤害的伴侣无从缝合伤口，这种受伤的感觉会伴随她许久。每次与伴侣的摩擦，留给她的，是难以释怀的困惑和痛苦。这些痛苦深深地印在她们脑海里，在某个独处的时刻，像放电影般的，一幕幕地回放。

所有的言语虐待都是控制型和支配型的，他们控制伴侣，而伴侣却并不自知，这种现象被学者们称作"制造混乱"："在制造混乱的行为中，对权力的维护似乎是其关键因素之一。这似乎是一种控制他人的方法，它既可以确保控制他人，同时又可以否认控制行为的存在，也可以否认自己控制欲的存在。"

因为言语虐待的存在，伴侣间真诚交流的大门被关闭了，亲密的伴侣关系也无从建立——亲密的伴侣关系需要有效的沟通，而沟通需要双方的平等与友善，需要彼此坦诚相待并愿意与对方分享内心的秘密和情感，而言语虐待型的伴侣关系缺乏所有这些要求。

在存在言语虐待的伴侣关系中，双方都不会有亲密感。因为虐待者不可能一边控制着伴侣，使其困惑、痛苦、狼狈，一边又与之非常亲密。又因为不平等，不能合作，难以沟通，彼此间没有善意，谈亲密就真是有点儿海市蜃楼了。"亲密的爱情表现为相处时的快乐、兴奋、缠绵和浪漫。夫妻之间是否存在爱情与在一起生活了多少年毫无关系，它取决于两人是否能经常地、深入地分享对方的一切喜怒哀乐。"

◎ 只有否定没有肯定

在存在言语虐待的伴侣关系中，受虐的一方经常遭到对方的否定。因为言语虐待者不能接受对方与自己地位平等的结果，所以他只能否定伴侣的一切，否定她的观点、感受、价值、成就、计划，等等，受虐者从来都得不到施虐者的肯定，也不知道得到支持和受到肯定是什么样的滋味。受虐者无法弄清自己经常被否定的真实原因，她以为那可能是他们缺乏共同的兴趣，或者是伴侣对她的计划存在误解。事实上，在所有存在言语虐待的伴侣关系中，受虐一方都或多或少地被其伴侣否定，这是存在言语虐待的伴侣关系的共同特征。

言语虐待者总是否认自己有虐待行为，也否认这些虐待行为带来的影响。受虐者经历的痛苦和困惑都源于施虐者，但他否认自己有虐待行为，这对于受到虐待的伴侣来讲无疑是雪上加霜——她既在承受自己受到伤害的痛苦，又在被别人否认这种伤害的存在。这两种痛苦相互交织，使她的心灵深受折磨。

第五章

产生的后果

哦，先生，她笑了，毫无疑问，当我经过她身边时她笑了。

但谁经过时她不是这样微笑呢？

于是我一声令下，所有的微笑都隐去了。

她站在那里，一息尚存。

——罗伯特·布朗宁

马斯洛认为人类有五个基本需求，"归属与爱"即是其中之一，而在一个有言语虐待的环境中生存的受虐者，却永远也得不到这种情感需求。她一方面不被伴侣尊重与理解，也无法去理解伴侣；另一方面又轻信了伴侣的话，固执地认为他是爱她的，是尊重她的，只要相互沟通，就能相互理解。抱着这个信念，她说服自己继续与这个有言语虐待倾向的伴侣过下去。

受虐者总是难以理解自己的伴侣。言语虐待者为了达到控制的目的，总是使用具有人身攻击的语言。受虐者不了解他的真正目的，不熟悉他内心的活动状况，只是感到不可思议、难以理解。她就这样被伴侣带入到这种没有尊重、认可而又莫名其妙的状态中，遭受责备，承受打击。

　　许许多多的贝拉、科拉和多拉，起初在困惑中努力地思考，寻求突破，但慢慢地就适应了这种环境，变得逆来顺受。就像温水中的青蛙，不知不觉间，她们就失去了那个原来的自我，没了自信、自尊，甚至也没了判断力。而这一切的发生都是浑然不觉的——即使是有人注意到了自己的变化，比如越来越不自信，但也无法找出变化的根源。

　　这一章我将讨论言语虐待产生的后果，对于那些会对伴侣的自我肯定产生恶劣影响的话语会格外关注。除此以外，它对受虐者的精神也会产生影响，但这个问题留到下一章讨论，在下一章中我把它们叫作"受虐者的自我感觉"。

　　下面列举了言语虐待产生的一般结果，也是大多数受虐者会有的经历：

- ♥ 自然而然的行为被视为"有企图"。
- ♥ 逐渐失去了生活的热情。
- ♥ 担惊受怕，害怕被鄙视。
- ♥ 不敢肯定自己是否受欢迎。
- ♥ 提心吊胆，总以为自己做错了事。
- ♥ 形成这样一种惯例——回顾过去的事，想从中"揪"出自己的错误。
- ♥ 丧失自信。
- ♥ 自我否定的心理定势越来越强烈。
- ♥ 对责备麻木。
- ♥ 感觉自己越来越不幸，并认为理应如此。
- ♥ 焦虑不安，害怕自己发疯。
- ♥ 感觉自己正在丢失某些东西。

♥ 希望自己不具备某些特征——如"敏感"等。

♥ 不知道自己的看法是对是错。

♥ 不愿做出决定，犹豫不前。

♥ 希望逃离现有的生活环境。

♥ 认为即使最精彩的行为也可能是错误的。

♥ 依靠对将来的幻想生活——"以后，一切都会好起来的"。

♥ 对未来的伴侣关系心存疑虑。

言语虐待对人的精神会造成极大的伤害，它会使人压抑、郁闷，从"鸟语花香"到死气沉沉。施虐者总是在和伴侣交谈的时候随意打断她们的话，并转换到一个风马牛不相及的话题。受虐者找不到倾诉的对象，情感无处宣泄。但是她们依然固执地相信伴侣对她们是诚实的、坦率的，如果自己能够领会——只是大部分时间她们根本就无从辨别。当话题被转移时，受虐者最常见的反应是磨破了嘴皮地解释，力求使伴侣能够理解自己。

受虐者难以理解伴侣的动机，她只能"活在希望中"。尽管自己经常受到莫名的指责和无情的冷遇，但依然认为每件事情都很正常！生活中总难免磕磕碰碰，夫妻之间的摩擦是再平常不过的事，所以不能太悲观……她总用类似的想法安慰自己。如果伴侣说爱她或者做出一些爱的表示，她会更加深信不疑，认为生活始终充满了希望。

很多受虐者反映，他们的伴侣偶尔会给自己送些小礼物；有时也不吝于赞美，称其容貌漂亮，厨艺精湛；有时还会心平气和地与之谈心，交流彼此的感受。每当此时，受虐者的心里就会升起美好的期盼——生活依旧美好，未来仍有希望！总之，只要她们的伴侣表现尚可，她们就会暂时忘记那些不快的经历，重新燃起对未来的希望。也正是这种虐待者偶尔施舍的希望使她们没有放弃这段关系。但对伴侣的不理解，对未来的不确定，使得她们只会越来越困惑。

下面我将伴侣关系分为三类，并各列一组对话。这些对话反映了伴侣双方在相互交流时存在的各种矛盾，而正是这些矛盾使受虐者感到困惑。

◎ 对话一

科拉和科特结婚22年，两个孩子都快成年了。科拉接受了我的采访，当我问及她与丈夫的生活状态时，她表示并不知道她的丈夫科特存在言语虐待倾向。在很多存在言语虐待的伴侣关系中，科拉的经历具有典型性。她告诉我这样一个故事：

一天科特和我都在户外。突然间我打了个寒战，心想这是要变天了。我抬头看了看天，乌云压顶，而且空气又冷又潮。我想糟了，大概要遇上雷阵雨了。于是我转过头对科特说："如果天气变化大，比如很快由热变冷，我想这种变化也许会给人们创造一些更好的机会。"科特马上愤怒地打断了我的话："不是冷，是凉爽。""哦，"我说，"我的意思不是说咱们这里马上会变冷。""你就是说天气会变冷的。"科特嚷道。我试图解释："我知道咱们这里不会马上变冷，我是在想一般的天气状况和整个气候的改变。""但是，一开始你并没有说整个气候的变化。"他叫喊着，声色俱厉。我想再解释一下："其实我想说的是……"他再次粗暴地打断了我："闭嘴好不好？简直没法跟你继续谈下去。"

一种痛楚的感觉从内心深处泛起，并不断扩大（这是受虐后明显的反应）。我感到非常困惑，反复思忖着：我为什么不能使科特理解我想说什么？这是怎么回事？为什么要他理解我的话这么难？可能如果我不说别的事情，只说可能会下一场雷阵雨，他就会理解了。

如果有任何其他人在场，类似的谈话从来不会发生。

他们之间之所以会出现这种状况是因为科特有强烈的控制欲，如果科拉知道这一点，她可能会直接作出反应，告诉科特"不要打断我的话"。然而，科拉并不能意识到科特的这种倾向，也不知道他对自己的想法根本不感兴趣，她以为科特想理解，只是误解了而已。所以她几次试图解释，想让科特知道自己的实际意图是什么。

我们考察后发现，科拉在这种有言语虐待的环境中已经生活了很多年，与过去不同的是，言语虐待的方式和程度都有所变化。而科拉自己，也在这种环境中发生了很多变化。

1.她经常被抛入痛苦的深渊，变得非常脆弱，受伤害感就像摆脱不掉的噩梦，隔三岔五地来拜访她（言语虐待会形成恶性循环，通常是受虐者刚刚从前一次虐待中恢复过来，几乎就要遗忘的时候，下一次伤害又开始了）。

2.她完全丧失了对生活的热情。

3.科特的喜怒无常让她每天都如履薄冰，她随时准备着自卫。

4.她不知道该怎么做才能使别人不讨厌自己，很迷茫。

5.每当科特说"没有必要与你继续讨论这个问题"的时候，她就会想她是不是做错了什么事。

6.她喜欢在头脑中反复倒放事情的经过，试图找到答案。

7.自信渐渐丧失，而自我怀疑却在逐渐增长。

◎ 对话二

莉和卢克结婚12年了，有一个半岁的孩子。莉是一个颇有成就的艺术家，卢克是个成功的商人，从表面上看，他们的家庭似乎很幸福。

他们有一辆新的道奇牌轿车，卢克上班开，莉用旧的福特车。但卢克经常出差，于是他向莉提出建议："我出差的时候，咱们换车，新车留在家里你开，我开那辆福特。这样将旧车留在机场的停车场里，就免得新车在那里受损了。"莉觉得建议不错，就同意了。她将旧车清洗干净，两人换了车钥匙，于是在卢克出差的那几个星期莉就开新车。

几个星期以后，卢克又要出差，莉想卢克要开旧车去机场了，于是准备清洗福特，她问卢克："你要用福特车吗？"

卢克表示很惊讶，带着一种难以置信的表情看着她："你怎么会觉得我要用那辆旧车？"

卢克的反应让莉也很吃惊，她解释说："上次你……"

卢克马上打断莉的话，重重地、逐字逐句地说："如果你想用新车，你明白地说你想用就好了。"

卢克的话让莉一头雾水，顿时不知所措，也不知该如何回答卢克的话（这是一种明显的受虐现象）。她试图解释，可是她的大脑不听使唤，两个画面在里面纠缠。一个是前一次她和卢克关于用车问题的交谈，那时他们达成了卢克出差用旧车的协议；另一个是卢克刚刚的惊诧与他措辞严厉的质疑。卢克似乎完全忘了之前的约定，认为只是她一厢情愿地希望自己用旧车。莉不知道该如何回答，说："卢克，我要告诉你……"

卢克用同样的话再次打断她："如果你想……"那口气就像他说的话莉没有听明白，他只得再次重复一遍。莉感觉他们就像隔着厚厚的一堵墙，根本无法沟通（这是受虐的另一个表现）。她的脑子中开始重新思考这个问题。她知道自己根本不想用新车，而且卢克会在一旁喋喋不休，告诉她用车该注意些什么，怎样照顾好新车，停在哪里比较合适，等等。莉并不想揽来这份责任，也不想开新车。可是事情似乎很难解释，她不想再纠缠下去了，于是干脆说："如果你认为将新车留在机场的停车场里可以的话，我会继续开我的旧车。"

卢克又以那种难以置信的表情看着她说："那里的停车场真的很安全，你知道，那里日夜有巡警。"

莉的内心涌起一阵冲动，她想提醒卢克，不想把新车留在停车场放一周的是他自己，所以她才会问他出差时是否要用旧车，但是她忍住了。因为看来卢克对于那次新旧车的讨论完全没有记忆——他的那份惊诧似乎是这事根本就没发生过。莉本来记得清清楚楚，可是卢克的反应让她甚至怀疑自己是否出现了幻觉。

莉感到很难过，独自悲伤。但是她又进行着自我安慰，也许卢克是真不记得了，毕竟，这种事情会发生，卢克也有过这种经历。"也许我太过敏感了。"她这样安慰着自己。

莉就用这种自欺欺人的方法来求得心灵的片刻宁静，只是这宁静并不能持续太久，很快她就有了强烈的愿望，想逃离这个生活环境。这样的生活太折磨人了。

从以上的例子可以看出，莉遭遇到言语虐待，且这种虐待对她的影响很大，列举如下：

1.莉感觉自己很不幸福，起码不如她想象中那样幸福。

2.莉渐渐相信并接受了施虐者的话，即她太敏感了。

3.莉对自己的看法产生怀疑，甚至不相信自己的记忆。

4.莉想逃离这个生活环境。

我采访的所有的这些女性都在极力理解这样一个问题：为什么和伴侣交流是如此困难？

◎ 对话三

梅和梅尔有三个孩子，两个已经成年，在外地上大学。从表面上看，他们的婚姻非常幸福，但实际上，在相处的这些年里，梅尔的言语虐待倾向越来越明显。

梅给我讲了这样一件事：

梅尔打电话回来，要和我们的女儿说话。女儿正在淋浴，我问他是否要女儿给他回电，他说："是的。"他补充道，"她之前打电话给我，谈什么立体声的事，你告诉她我不懂这个问题。"我答应了："好的，我会转告她。"但他又说："不，还是我说吧，我一会儿再打电话回来，或者她打过来。"我说："好吧。"我顺手拿起一支笔，"你有什么口信要我帮你记录吗？"梅尔突然火了，非常愤怒地说："我并没有让你记什么。"我觉得很吃惊，也很痛苦，甚至感到有些眩晕了（这是受到言语虐待后的典型反应）。我知道他并没有让我记录什么，可是他为什么认为，我是会错了他的意思才询问是否要记口信的？要知道在我们家，每个人都会为别人记记口信，我只是一个习惯性动作而已。没有答案的问题和眩晕的感觉就这样挤对着我，我几乎无言以对，只好讪讪地说："我会告诉她你打过电话，再见。"

在接下来的时间里我不断地琢磨："如果我没有问梅尔是否需要我记录什么口信，他就不会发火，我就不会难过。"一定是我在言语中暗示是他要求我这样做，一定是我说错了话。我感到糟透了，甚至觉得生命也失去了意义（受到言语虐待的另一个典型的特征）。我想如果我都不能和自己的丈夫很好沟通，我怎么能在社会上和别人相处呢？我还在想重新开始工作呢，可是现在我对自己的处事能力产生了怀疑。

无论是科拉、莉，还是梅，她们都存在相同的问题，即每次与丈夫发生言语摩擦后，都想继续与丈夫讨论，告诉他自己痛苦的感受，但那些丈夫要么否认这些事情的存在，要么认为这些根本不值一提，要么指责伴侣，或者干脆转移话题，以此来拒绝与对方继续讨论（见第二章和第八章）。

以上我列举了言语虐待的各种状况，主要包括施虐者拒绝讨论他的虐待语言，否认他的话令伴侣难过；总是暗示伴侣，你所有的不快都是自找的，是你自己说错了话或做错了事。施虐者通过这些方式掩盖自己的虐待行为，受虐者很难认识到对方行为的本质，只要她相信施虐者是诚实的、真挚的，是没有恶意的，她就一直会是言语虐待的受害者。如果没有人告诉受虐者，她生活的真实状态并非她想象的那样，而是存在着言语虐待，她就不会怀疑她的伴侣存在问题。相反，她会认为自己有问题，不自信，犹豫不决，害怕说错话、办错事，甚至都不敢独立做决定，因而产生了强烈的依赖心理。很多受虐者注意不到伴侣对自己怀有深深的敌意，她们只是简单地认为是看待事情的方式不一致，才导致出现这些不和谐的因素。

◎ 一些典型的认识

在这一章开头，我列举了言语虐待产生的种种结果，它们的影响主要体现在受虐者的思维方式和个人态度上。受虐者对伴侣关系形成了一些不同于常人的认识：有的能说出对自己及其伴侣关系的感觉，有的却无法用言语来表达。不管属于哪种情况，以下列举的这些状态她们都或多或少经历过，都对她们产生过重大影响。我采访的大多数人在意识到自己受到言语虐待之前，也有以下想法，不同的是，有的只有其中一种，有的则更多。

- 💜 如果我能更好地表达自己的意思，能将自己的意图解释得更清楚，他就可以更好地了解我，也就不会对我提出的问题和想法如此生气了。

- 💜 如果不是我自己的观念有问题，就不会以错误的方式行事，因为他老是指责我的行事方式是错误的。

- 💜 我要不是思维方式有问题（如估计错误、小题大做等），就不会如此痛苦和悲伤。

- 💜 我爱他是真挚的，关心他也是真诚的，那么，他既然说爱我，也一定是爱我的。

- 💜 他和我在一起，和与他的朋友在一起，处事方式是一样的。既然他的朋友们从来都不会让他生气，让他抱怨，而自己却总被他抱怨得如此痛苦，那一定是自己有些地方做错了。

- 💜 我遭受的痛苦既无法改变，也毫无意义，这都是因为我本身的缺陷和错误造成的（但受虐者本身并不能指明这些缺陷和错误，这是一种总体的失败感，它来自无穷无尽的指责和抱怨）。

- 许多时候我很乐观，把一切事情看得很好，总在追求美好事物。

有趣的是，一个言语虐待者在指责他的伴侣如何如何时，他自己却表现出这些特征，所以他说的就像是在描述自己。我采访的一位女士告诉我她的伴侣对她的指责："你总是武断地把一切看得太重，总认为有些事情很糟糕，其实它们远没你想象中那么坏。"言语虐待者喜欢指责伴侣吹毛求疵，过度悲观，事实上，大部分受虐者似乎没有注意到自己的遭遇，对自己的生活环境也没有认真思考，所以也没有得出正确的结论。如果她们认真思考了，也许就会发现伴侣的言语虐待。但一般她们都没有注意到这一点，所以大多数人是乐观的：

- 他只要意识到他的怒火、他的讽刺、他的指责真的对我造成了伤害，他就一定会约束自己的行为，不会让类似的事情再发生。之所以类似的事情还在发生，是因为我还没找到一种方法来向他解释，让他明白他说的一些话真的伤害了我。
- 他是以男人的方式在行事，别人的妻子可能都能理解，只有自己不理解，所以比别人痛苦。
- 很多时候，我不知道自己该做什么，也不知道身边在发生着什么（只要她们不理解与伴侣形成这种关系的原因，就无法摆脱这种想法）。
- 我极度渴望改变眼前的现状，也努力去改善我们之间的关系，我希望加强沟通，用心寻找带来幸福的模式，但所有这一切都遇到了困难。
- 我愿意把自己的愿望与恐惧告诉他，希望两人一起分享与分担，也加深彼此的亲密程度。但他总把我的坦诚当作怯懦，似乎我说得越多，他就越冷酷，也越有优越感——感觉比我高明。

💜 每当我与他分享我的兴趣和目标，他就打击我，使我没了兴趣，生活也失去重心（注意：这样就会重新处于施虐者的控制之下）。这似乎形成了一种模式。

💜 我总是尝试着找一些新的话题与他沟通，但每次他似乎都设法阻止我，而我又格外关注他的意见。（注意：通过阻止伴侣的话题来感受自己的权力，施虐者会更加愉快。）

💜 我常常相信，我越有成就，就越能赢得他的欢心。（然而事实并非如此，施虐者实际并不希望她取得成就，所以常常找些琐碎的事情让她做以干扰她。他这样做只是为了满足自己的控制欲，维持自己高人一等的地位。）

💜 在打击下，有时我不得不放弃与他好好沟通的希望，不再奢求我们会有更融洽、更亲密的关系，转而会去找朋友们倾诉，寻求她们的理解。可是这似乎使他更恼怒，更有敌意。

上述所有问题表明受虐者们的努力和取得的效果正好相反，因此她们所有改善伴侣关系的尝试都会带来痛苦和困惑。

第六章

受虐者的自我感觉

> 如果你将内心世界公之于众，你的坦诚将拯救你；如果你将内心世界深深锁起，你掩盖的问题将会毁掉你。
>
> ——圣·托马斯·罗金

本章将深入分析受虐者的感觉。受虐者只有清楚自己的感觉，并且弄清伴侣关系中存在的问题，才会意识到什么时候是言语虐待。

一般来说，受虐者并非对自我感觉毫无觉察，只是她们宁可相信虐待者的那些自欺欺人的话，也不相信自己的直觉。比如伴侣可能会跟她说："我们多相爱，多和谐，是你，疑神疑鬼地搞砸了这一切。"于是她就真的否定了自己，而不再质疑伴侣。

受虐者和伴侣生活在两个不同的状态之下（施虐者生活在状态Ⅰ，受虐者生活在状态Ⅱ），所以对于受虐者来说，想要依赖施虐者的评价来解释自己的生活状态，是不可取的。只有正确地解释自己的生活状态，她才可能被正确引导，从而形成正确的认识。

例如，当受虐者感到难过时，她的伴侣却说："你总是小题大做。"或者说："你完全搞错了。"这是施虐者在解释她的感觉，而不是她自己，且这个解释与她内心的真实状态完全相反，它只会加深受虐者的困惑。受虐者越是相信自己的伴侣，困惑就会越深，施虐者操纵起来就会越容易。

受虐者必须正确认识自己的感觉，并尊重自己的感觉，只有这样才能重塑自我，如："我觉得受了伤害，我正在受到伤害。"尊重自己的感觉，它意味着我们不仅要承认自己内心真正的感受和需求，更要顺应自己的感受，有意识地采取一些行动来关心自己，爱护自己，从而建立起完整的自我。

建立完整的自我是非常重要的——只要不伤害他人的利益，我们就可以按照自己的喜好做事。在这种自我意识下，我们能感受到自己存在的价值，体会到个体的力量，并从容地向大家展示一个真实、完全的自我。因为不再寻求控制或者被控制，我们与人相处时也会显得更加和谐。

人的感觉有时是非常复杂的，很多时候我们不能清晰、完整地表达它，也不能准确地认识它。这是因为在形成感觉的过程中，有许多因素在起作用。我们的内心世界不是一张白纸，过去的经历会使我们形成对自己或某些事情的固有认识，从而会选择性地忽略一些东西。感觉可以成为实践的力量，有些具有一定的破坏性，有些却可能产生建设性的成果。

感觉的产生不过在一瞬间，引起感觉产生的，或是当前发生的事情，或是对往事的回忆，或是对未来的期许——激发我们产生某种感觉的事情可以发生在任何时候，但感觉是现在的、当前的。我们拥有无数种感觉——恐惧、期望、幸福、沮丧、兴奋、平和、狂喜、愤怒、屈辱等等，而且，这些感觉在不同事件的刺激下程度不同。每个事件都会使我们产生一种感觉，有时甚至会几种感觉并存，比如既紧张，又兴奋，还充满期待。

由于人的感觉是一个如此复杂的系统，在研究受虐者的感觉时，为了简化研究的复杂性，我先对受虐者的各种感觉做了筛选，选择她们最基本的一些感觉，有十来种。讨论这些感觉时，我都是从一个特殊的角度或层面来讨论的。这种研究可以探讨人类感觉的意义和它发挥的作用，这是考察人类感觉及其意义的一种方法。

首先设定一种状态，假定在这种状态下，人的感觉是清晰、平静、完整、自主的。这种感觉状态是有益的，它给人以安全感，使理智清晰，思维活跃，我们称之为"个人权力状态"。人们知道这种状态的益处，并使自己按照该状态的要求行事，我们称之为"知情状态"。

如果夫妻二人都处于这种状态下，并采用同一种方式交流，这种良好的状态就会不断发展。这对维持和谐的夫妻关系是非常有利的，它促进夫妻关系中不断产生有益的东西。每个人都精神饱满，充满活力，个人的态度和家庭气氛之间形成良性循环——这是我前面已经论述过的状态Ⅱ之下的关系。反过来说，如果伴侣中的一个人不处于个人权力状态，总是试图通过使用支配权力，对另一个人实施控制，他的行为就会破坏家庭关系，干扰伴侣与个人权力状态之间的联系，许多融洽家庭关系中的有益的东西也就失去了，个人的态度和家庭气氛之间形成恶性循环。生活在这种状态之下的人会精神萎靡不振，家庭氛围死气沉沉。

从这个角度看，人们要求处于个人权力状态。这既是形成良好家庭关系的需要，也是每个人的权利。我们处于这种状态时，会感到自己是家庭的核心，内心平和、从容，处理事情更加理性。当这种状态占上风时，生命中会有许多美丽的惊喜，我们会被快乐、热情的感觉占满，这是一种向上的精神状态；相反，这种状态萎缩时，会使我们渐渐被"边缘化"，成为家庭关系中的"局外人"，无法自主地处理事务，伴随的感觉是悲伤、沮丧、无助，这是一种萎靡的精神状态。

个人权力状态会给人以安全感。因为处于家庭精神生活的中心，人们就不会感到外来的威胁。感受是生活在我们心中刻下的映像。每个人都希望自己不被"边缘化"，能把握自己的情感，形成独立的认识，这是我们的感受。而一旦希望达成，我们就会拥有以自己为中心的精神生活，就表现出个人权力的状态，这就是生活的经历。只有内心的需求与真实的生活经历相吻合，才有安全感可言。

但这种安全感并非人人都拥有，更不是时时都拥有。我们常常拥有不同的感觉，这些感觉标志着不同的精神状况。有时会沮丧、困惑，这是我们受到了精神伤害的症状，就像瘀青能表明肉体受到了伤害一样；有时会渴望、企盼，这是我们在精神上有所需求，就像肉体也会饥渴一样；有时也会兴奋、激动，这表明我们在精神上很活跃，就像运动表明身体的活跃一样。因此，所有感觉都是精神生活的"晴雨表"，如果我们注意到了它们的变化，就能了解我们的精神状况是否活跃，有什么需要等。

我采访的一些女士向我诉说了她们的一些经历，根据这些经历，我选择了以下的基本感觉：

胜任感	不胜任感
自信心	挫败感
喜爱	遗弃
希望	失望
幸福	悲伤
安全	恐惧
平和	吃惊、震惊、困惑不解

言语虐待发生时，受虐者常感觉受到了羞辱，尤其是如果有他人在场时，羞辱感会更甚。但受虐者的感觉并非一成不变的，有时会很轻柔，有时又很强烈，各种感觉交织在一起，最终导致她越来越纠结。下面我们要研究受虐者的各种感觉，在讨论这些感觉时，我把个人权力状态当作一种理想的状态，并将特别关注与个人权力状态相联系时她们的感觉。

◎ 释放自己的不胜任感

胜任感是关注并相信自己有达到预期目标的能力，这是一种积极向上的精神状态，它使人精神饱满，活力四射。

不胜任感会让一个人过分疑虑，怀疑自己没有达到预期目标的能力，这是一种颓废的精神状态，它使人萎靡不振，死气沉沉。

一般来说，受虐者都努力对自己负责。她们认真学习，使自己不断提高，竭尽全力地去适应生活环境。她们可能是全职太太，也可能是职场精英，或是学界翘楚，不管社会角色如何，通常她们都能够取得成功。她们不仅要求自己扮演好社会角色，在潜意识里，也要求自己对提高家庭生活质量负责——只是这种要求有时甚至她们自己也意识不到。

例如一位受虐者的家庭很不和谐，伴侣不理解她，迁怒她，她却认为对这种家庭气氛负责的应是自己。她知道与伴侣的交流可能产生了问题，认为自己才是这种交流不顺畅的责任人，是自己的意见没有表达清楚，是自己的表达方式不对，所以伴侣才不能理解。如果施虐者经常对她大为光火，她会力图弄明是什么事情惹恼了他，并在今后的生活中极力避免。受虐者这种责任感的爆发很大程度上缘于施虐者对她一贯的指责。总之，如果受虐者意识到家庭关系不和谐，就会产生强烈的责任感，这种责任感使她们总是从自身行为的角度去改善夫妻关系。为别人的行为负责，这是受虐者的潜意识，明白自己有这种潜意识是很困难的。下面是发生过的一个事例，它证明了我的上述观点：

完成这本书的调查工作后不久，我参加了一个大型聚会，在那里与我曾认识的一位商人不期而遇。他50多岁，很热情。我们谈到了一个话题：如果某些人正在就某个问题进行辩论，我们是否要加入其中的一方。

我说："在没有弄清这些人辩论的状态时，我是不会参与进去的，因为我不想使自己处于一种尴尬的局面——你知道，有些人喜欢在辩论中进行人身攻击。"我继续解释，"我曾经参加过一场辩论，在那场辩论中，几乎所有的人都不能正确使用辩论语言。我听到一个男人说'你们所有的女人都想……'诸如此类的话，这句话本身就包含了对女性的歧视，使得本来应该很有趣的辩论变得浅薄而又充满火药味。"

商人回答："是呀，我也发现有时这种事情会发生在妇女身上。"我表示同意，并继续说，在伴侣关系中，这种不使用正确语言的情况更普遍，而且大部分的妇女根本意识不到这是在言语虐待，因为她们觉得这种情况的发生是自己的责任。

"是这样吗？"他饶有兴趣地问。

我想找一个事例说明我的观点，这时我注意到他正盯着放食物的桌子，于是抓住了这个机会："我可以给你举一个例子。为什么和我说话的时候你总盯着桌子？"我的语气非常愤怒，非常焦躁，满含指责。当然，我是刻意这样做的，这是为了模仿言语虐待者通常的语气，只有这样形象他才会体会深刻。我想我一定具有某种表演才能，因为他马上抬起头，看着我，而且出乎意料的是，他向我道歉，并且非常诚恳："噢，噢，对不起，我只是……只是在看那些食物。"

我向他道歉，说明我并没有真的生气，更不在意他在看哪里，只是举一个例子来说明我的观点。他非常惊讶，自己怎么会这么容易受摆布，遭受到斥责反而道歉，认为对方愤怒是自己的责任。

第二天早上我一边走一边又想到了这个问题，突然间意识到昨天发生的事情同样也会发生在许多人身上——她们善于把责任往自己身上揽，认可伴侣莫名其妙的愤怒和完全不公平的指责，更认为是自己的错。这令我很震惊。

在存在言语虐待的家庭关系中，受虐者经常会说"我只是……"，这是长期受到指责给她们的生活方式带来的影响。在做任何一件事情时，她都表现得很不自信，即使没有人注意她，她也会说"我只是要干……"，比如"我只是要给这间屋子吸吸尘，因为在去接孩子之前我还有些时间"。这种心理状况表明她对自己的决定是否正确充满疑虑。长此以往，受虐者会形成说"我只是……"的习惯，就像那位商人说"我只是在看食物"一样。这个口头禅的弦外之音是"我希望没有人发现这件事有什么不对的地方；没有人会因为这件事斥责我甚至大为光火；也没有人认为我动机不良，处心积虑"。

受虐者常常会认为要为伴侣的生气、发怒负责，甚至有时也会认为要为伴侣的幸福负责。这是因为施虐者在操纵着她的感觉，让她处于一种无助的状态，只能一切以伴侣为中心，于是自然就会认为要为伴侣的愤怒和幸福负责了。所以只要她处于被操纵的状态，这种想法就不可避免。施虐者也会暗示伴侣对自己的愤怒应该忍让，只有这样才是爱。她爱他，就认为自己必须习惯他的方式，满足他的需要。

但受虐者常常得不到伴侣的理解；有时她也不能理解伴侣的想法；

有时搞不懂伴侣真正的需求；有时不明白他怎么就突然像只发怒的狮子。每当这时候，她就感觉自己对改善他们的关系无能为力，责任感就会被力不从心的焦虑所代替。

如果受虐者认识到自己受到了言语虐待，明白目前家庭关系中出现的各种问题不过是因为伴侣的言语虐待倾向，她就不会再认为要为伴侣的行为负责了。相反，她会要求改变这种生活状况，摆脱受虐待的境遇，过一种自己喜欢的生活，对自己的行为负责，依照自己的兴趣行事。通过这些方式，她释放了自己的不胜任感，重新进入个人权力的自然状态，于是精神会重新高涨，充满活力。

◎ 自信心与挫败感

自信是指一个人相信自己可以达到预期目标。这是一种积极向上的精神状态，这种状态下的人精神焕发。

挫败感让一个人认为自己无法达到预期目标。这是一种颓废的精神状态，这种状态之下的人无精打采，垂头丧气。

为了让伴侣更好地理解自己，受虐者通常会进行一番自我剖析，而且认为剖析得越充分越好。所以，每当施虐者误解了她的意思，对她发怒或指责她的时候，她总抱有一线希望，希望解释清楚自己的言行举止，告诉他自己不是他想的那样。比如，她会告诉施虐者，自己没有他说的那种想法，也没有他理解的意思，更没有他想象的那种行为。她想解释清楚，但每次她解释这些真正的想法、真实的意义以及行为时，施虐者总有各种各样的理由和方式拒绝。受虐者无法表达自己真实的意图，所以容易陷入深深的绝望中。

因为受虐者意识不到言语虐待的存在，所以通常情况下她们都不知道夫妻关系中存在问题，更不知道这段关系将怎样发展。她们找不到自己的正确位置。不管她们力图保持一个完整的自我，还是做一个伴侣喜欢的人，她们都摆脱不了沮丧的情绪。然而这种沮丧的情绪却不易被他人感知，就连她们自己也很难察觉，因为沮丧并不像愤怒一样可以马上被人感觉出来，她们不会暴跳如雷，不会撕心裂肺，不会歇斯底里，甚至也不会絮絮叨叨。正因为如此，即使是自己身处这种情绪的包围之中，她们也难以自知，唯一能做的仅仅是重新设定理解别人和被别人理解的目标。

受虐者意识到伴侣不能理解她，甚至也没兴趣去理解她时，就会试图让自己去理解伴侣。直到她了解伴侣是一个有言语虐待倾向的人时，这个真相才会让她不再沮丧。于是她会将更多的精力投入到改善自己的精神状态方面，让自己乐观向上。

◎ 受喜爱感与被遗弃感

受喜爱感是指一个人感觉对方喜欢自己，便愿意与对方分享自己的一切。这种状态下的人幸福而甜蜜。

被遗弃感是指一个人感觉对方不喜欢自己，认为与对方分享自己的一切一定会遭到冷落。这种状态下的人常常自惭形秽，有很强的失落感。

爱人们有很多种方式表达对彼此间的爱意，方式之一就是分享。但在虐待型的伴侣关系中，这种方式几乎无法使用。当受虐者有什么高兴的事时，她以为同样能给对方带来快乐，但事实恰恰相反，施虐者会表现得非常愤怒，践踏伴侣的愉悦情绪，这本就是言语虐待者惯有的虐待行为。只是可怜的受虐者会认为是自己没有表达清楚，所以对方不理解；或者是自己又做错了什么事，所以对方又生气了；或者是自己大惊小怪，这件事根本就不值得高兴。

受虐者总是从施虐者的行为中看出伴侣对自己的态度，有的冷言冷语，有的吹毛求疵，有的鄙夷不屑……这种种行为，都会被受虐者看成是施虐者讨厌自己的表现。受虐者会形成这样一种感觉：我干的每一件事、说的每一句话他都不喜欢——这是一种被遗弃的感觉，暗示着她配不上伴侣，或者自己没有任何价值。

这种被遗弃的感觉会导致受虐者的困惑和不自信。一旦她意识到伴侣是个热衷于打击对方快乐情绪的人，她就会明白自己的快乐与活力不能与他一起分享。

◎ 希望感与失望感

希望的感觉使一个人相信实现预期目标已经胜利在望，它使人乐观向上，斗志昂扬。

失望的感觉使一个人认为前路漫漫，看不到前景，望不到尽头。这种状态下的人表现得心灰意冷。

受虐者总是对改善他们的婚姻关系、营造幸福的家庭生活充满了希望。她知道与伴侣的交流存在困难，但内心一直存有希望，因为她认为一旦能够彼此理解，这种和谐的交流与幸福的生活就不再遥远。她希望伴侣少发火，于是想出各种避免的方法，比如向伴侣建议，如果他为某事感到生气时，可以先问问自己到底是什么意思。她希望施虐者能配合她的这些办法，以此改善彼此的关系。

她可能希望伴侣会更好地理解她的某些愿望，比如取得一定的成绩或者有一些独立的时间对她来说是重要的，她认为只要他能理解，就会对她体谅；她也可能希望，伴侣能意识到自己的言行对她造成的伤害，她希望伴侣在了解了她的恐惧后会有些歉意，并约束自己的言行。这一切有一个基本的前提，即他总是宣称自己爱她，于是受虐者也就很容易这样推理：既然他爱我，所以只要他了解了那个真实的自己，我们就会有一个幸福、美满的家庭。

受虐者总是对彼此之间的关系寄予很大的希望，认为他们可以相互沟通、相互理解，也可以建立更和谐的关系。只是这些希望常常落空，因而让她倍感失望。一些施虐者可能偶尔会表现得很懂风情，比如送她小礼物，到豪华餐厅共进浪漫晚餐（这是一些富人可以提供得起的），并告诉她自己多么爱她。但是，上述表现只是施虐者的偶尔行为，并非一贯作风；不能平等地接受伴侣，冷漠、乖戾才是他们的常态，这些常态会将他的伴侣从希望的乐园抛向失望的冰窖。

◎ 幸福感与悲伤感

在正常的家庭关系中，如果女方有自己的追求，并为之努力奋斗时，她会由衷地感到幸福。如果伴侣理解、支持她，经常与她讨论她的追求或倾听她的想法，甚至给她出谋划策，她更会感到自己非常幸福。但如果伴侣是一个有言语虐待倾向的人，就不仅不会理解她，而且对她的追求和想法置若罔闻，甚至对她发号施令，并在言谈举止中不断贬低她的想法，拒绝与她进一步交流，或者对她大吼大叫，妄加指责，她就会感到非常伤心。

受虐者常常会感到很悲伤。这种悲伤是感情带来的伤痛，是刻骨铭心的。从这些女士的描述中，我们可以感受到她们受到的伤害有多深。她们把这种感觉描绘为"一种撕心裂肺的痛""一种切肤之痛""一种揪心的痛"等等。

这些感觉表明，言语虐待深深地伤害了她们的内在精神——如果受虐者能够清楚地认识到这个问题，就会意识到自己的感觉才真正反映出事情的真相，而这与伴侣所说的完全不同。于是她会重新考虑伴侣对她说的话，例如当伴侣指责她"完全是小题大做"时，她会明白这不仅是捏造事实，更是对自己的一种精神虐待。

受虐者终于明白要尊重自己的感受，因为真正反映自己现实情况的，是自己的感受，而不是伴侣的评价。她懂得了幸福的真正来源——拥有自己的精神生活，并寻求充满活力、乐观向上的伴侣关系，而不是总处于一种被歧视的地位。

◎ 安全感与恐惧感

安全感会使一个人认为预期的目标并不存在什么威胁，恐惧感则反之。

由于种种不和谐的现象，受虐者可能已经意识到他们的关系中存在一些问题，但并没有把它们看得很严重，因为她认为这些是可以解决的。然而随着时间的推移，施虐者言语虐待的程度不断加剧，说话的方式也变幻莫测，受虐者渐渐感到害怕，并认识到自己遭到了言语虐待。她会试图去解决问题，比如向施虐者提出这是言语虐待的抗议，但施虐者依然我行我素，甚至变本加厉，操纵欲更强，言语和行为也更加令人困惑不解。她再向伴侣抗议，要求改变，但这个要求可能仍然遭到拒绝，他会继续实施言语虐待，而且否认这是虐待。受虐者的正当要求就这样使得言语虐待更加恶化，伴侣的愤怒和不可捉摸加深了她的恐惧，似乎正在失去爱与家庭，更让她失去了安全感。

受虐者只有对言语虐待问题有正确的认识，才不会对伴侣关系中的安全感存有任何幻想。当受虐者感受到来自对方虐待的威胁时，这种真实的恐惧感使她必须采取措施保护自己。只有当我们学会了自我保护，才能避免自己的精神受到更多伤害，从而获得个人权力状态之下的安全感。

◎ 平和感与震惊感

平和的感觉会让一个人认为自己已接近预期目标，震惊的感觉会让一个人认为预期目标已经丧失。

当言语虐待者突然恼怒或发火，或极力贬低、讽刺他的伴侣时，伴侣通常会感到非常震惊。从本质上来说，言语虐待往往不期而至，没有原因，没有征兆，受虐者无从预料，震惊也在所难免。通常情况是，两个人正在高高兴兴地谈论着某事，气氛轻松、平和，而又不失热烈。突然，施虐者的态度发生了大转变，开始恼怒，指责或讥讽他的伴侣，这种情形令伴侣手足无措，如遭受当头棒喝，茫茫然不知所措。

即使施虐者并不是通过发火来公然表现出他的怒气，伴侣也会隐隐约约感觉到他并不理解她——不理解她是一个什么样的人以及她在说什么，她同样会感到震惊。有的时候，她刚刚认为他是理解她的，但就在这时，他会突然表达一个截然不同的看法，完全与她的想法背道而驰，这时她也会感到大吃一惊。

言语虐待的不可预料性似乎可以将受虐者头脑中的记忆一点点地剥离。虽然已经发生过许多言语虐待的事件，但当前没有类似的气氛，所以受虐者不会与之前的经历产生联系，于是每一次的言语虐待似乎都是独立的、仅仅是发生在这时候的事情。在冲突之后，受虐者的感觉会回归到平和，直到再次发生冲突带给她震惊。由于认识不到前后相同的模式，即言语虐待模式的存在，所以每当虐待发生时，她都无一例外地感到震惊。

◎ 迷惑感

迷惑的感觉使人注意到内在的冲突还没有一个解决方案。

受虐者的经历会让她们常常产生矛盾，这些矛盾在心中纠结成一股绳，使她们备感迷惑，但她们无法通过自身去解决这个问题。只有认识到导致她们处于困惑状态的真正原因——言语虐待时，她们内在的冲突才能够解决，迷惑才能消除。

为了更好地了解受虐者的迷惑感，我们还需要对她的生活状态进行观察。受虐者一般成长在状态Ⅱ之下，她认为这个世界的人际关系是相互依存、共同发展的，但她又并不具备状态Ⅱ之下的全部特征——她缺乏状态Ⅱ所要求的那种强烈的自尊心。而这种强烈的自尊心是必不可少的，只有拥有它，她才容易发现她的伴侣生活在另一种状态之下——以支配权力模式来看待这个世界。

不幸的是，一个人如果与一个言语虐待者生活在一起，她的自尊会受到伤害，而且时间越长，受到的伤害就会越深，正确认识伴侣关系就会越困难。很多人生活在言语虐待的伴侣关系中，如果还没有人能够证实她们的生活状态，那么，首先认识到问题的人，尤其需要强烈的自信和自尊。

认识自己的生活状态的途径是多样的。下一章我将考察在认识言语虐待时的障碍。

第七章

障碍和模式

生存的第一要领是要善于观察，否则将会灭亡。

——泰尔哈德·查廷

前面我们已经提到，无论认识言语虐待的现象，还是认识虐待者的生活状态都是很困难的，会面临许多障碍。但这些障碍一旦为人们所认识，它们不仅无法阻碍人们认识言语虐待的进程，相反会变成人们正确认识言语虐待的阶梯——因为每一个阻碍都包含着一种言语虐待的行为或施虐者思想的某些变化。我们认识了这些障碍，对言语虐待的认识就更清晰、更客观。下面列举一些认识言语虐待的障碍：

- 施虐者对伴侣常常表现出不尊重、轻视、冷漠、不近人情等，但受虐者对这些现象逐渐习惯，认为不必去抗争。
- 当摩擦发生后，受虐者非常痛苦，但是施虐者否认自己的责任，结果总是受虐的伴侣认为自己做错了。
- 受虐者不明白什么是言语虐待，对控制和操纵等概念也不清楚，所以常常很困惑。

- 在施虐者偶尔的友善下，受虐者常常忘记过去的痛苦经历。

- 施虐者实施虐待的手法非常微妙——随着时间的推移而不断增强虐待的深度，让伴侣逐渐适应。

- 施虐者拒绝讨论那些令人心痛的摩擦，并通过这种方式来控制他们的交流，继而控制两个人的生活状态。

- 施虐者与其伴侣在很多问题上目标一致，并且为实现这些目标共同发挥作用，例如组建一个家庭、养家糊口以及所谓的"共同发展"，所以虐待性质被忽视了。

- 受虐者将大部分精力放在养家糊口或者自己的事业上，以至于忽视了伴侣关系中的很多问题，并且乐天知命地认为事情总不会十全十美。

- 受虐者可能从来都没有享受过健康的伴侣关系以及顺畅的交流模式。

- 施虐者不总是实施虐待，这让受虐者"好了伤疤忘了痛"。

- 受虐者常常被伴侣弄得不知所措，以至于失去判断力。

- 状态Ⅱ下的人有一种强烈的自尊，而受虐的伴侣在被言语虐待的过程中失去了应有的自尊。

- 因为施虐者的掩饰，受虐者的真实生活状态不被外人所了解。

- 受虐者认为伴侣对她的行为是理性的，肯定有他的理由。

- 施虐者的行为有时带有虐待性，有时又没有，所以其伴侣也难以确定是哪种关系在起作用。

- 受虐者既不了解言语虐待，也找不到一种更好、更适合的伴侣关系来进行比较。

- 受虐者可能认为，伴侣的行事方式是男人该有的方式，只是有点儿过了。

♥ 受虐者会觉得，只要伴侣为她提供生活所需，就是真的爱她。

♥ 受虐者几乎不会考虑这个问题："我是否遭受了言语虐待？"

总而言之，受虐者没有意识到她的伴侣是一个有着言语虐待倾向的人——一个总想控制别人的人——这样一个人不可能理解真正的爱情是什么，也不可能理解和睦的伴侣关系需要什么。

受虐者虽然很难意识到言语虐待的存在，但当虐待发生变化时，如虐待方式或者程度与过去不同，受虐者便能窥见一些端倪。当她们意识到言语虐待的存在并表示抗议时，施虐者往往会表现得变本加厉，力图抓牢控制的缰绳，使伴侣重新回到自己的掌控中。他可能用更严厉、更愤怒的言语来恐吓她，也可能操纵她的感觉，比如告诉她"你正在破坏我们的关系"。让珍视这段关系的伴侣止步，从而达到继续控制她的目的。

如果你怀疑自己处在一种虐待型的伴侣关系中，就应开始留意言语虐待的各种模式，直到确信言语虐待的存在。

为了弄清言语虐待的各种模式，你要注意自己的经历和感觉，这对了解自己真实的生活状态是很有帮助的。你可以记录下生活中发生的一些事以及自己的真实感受，以便对自己的经历进行分析。

你可以经常问问自己以下问题：

♥ 因为伴侣所说的，或者因为他根本就不和你说，你会感到难过。这种情况多长时间发生一次？

♥ 到底是什么事情让你感到难过？

♥ 有其他人在场吗？

♥ 与伴侣在一起时，你依然会有孤独的感觉吗？

♥ 当与伴侣发生不愉快的事情时，你真正的感受是什么？

♥ 你是否经常感到困惑、吃惊、沮丧，感觉自己受到轻视、威胁和伤害？

♥ 对于以上感觉，你如何反应？

以下列举的是言语虐待的十种模式，每段虐待型的言语关系中都或多或少地存在着。

模式1

受虐者会在与伴侣的交流中感到难过、受伤和迷惑，但在公开场合几乎不会发生，这是受虐者可能意识到的第一种虐待模式。

像肉体虐待一样，言语虐待也往往发生在紧闭的家门里。隐秘性似乎是施虐者控制伴侣的关键因素，也是使伴侣更加困惑的主要原因。施虐者可能不会对孩子们刻意隐藏，这是因为他们根本无从理解言语虐待的实质。但在其他公共场合，施虐者会进行刻意隐藏，虐待的语言也没那么暴露。于是外人会以为这是他们之间正常的交流方式，是合理的，或者是夫妻间特有的"语言"，而不会认为存在言语虐待。当言语虐待在公共场合也毫不加掩饰时，注意，那说明虐待程度正在不断加深——它可能是肉体虐待的前兆。

南嫁给了内德，他是一名优秀的企业主管。南说："我不明白为什么在内德身边时会感到不舒服。朋友们都说我很幸运，嫁给了一个这么优秀的人，可是我自己一点儿也不觉得。我开始思考这件事情，终于发现，当有朋友在场和与我单独相处时，内德的行为判若两人。而他是有意这么做的，这让我非常吃惊。"

我采访的很多女士有过类似的经历，她们的家人和朋友往往会称赞她们的伴侣是多么优秀，与他们生活会多么幸福，而这些女士自己的感觉不是这样。一位女士告诉我，她的前夫言语虐待倾向非常严重，说起话来像在威胁罪犯，对待她如同对待战俘。但直到离婚后，她的家人仍然不相信前夫会虐待她，因为对他们来说，这位施虐者是一位"非常优秀的男人"。与内德相似，这位施虐者的行事方式，也是人前人后迥然不同。

模式2

受虐者可能意识到的第二种虐待模式是，在与伴侣的交流过程中会难过、受伤，会困惑不解，而且这些感觉往往是"突然袭击"。

当受虐者觉得一切还正常时，不快就"从天而降"了。他们既没有争吵，也没有冷战，一切来得似乎有点儿莫名其妙。

科拉给我讲了下面这样一件事，这件事使她当时觉得生活中一定发生了什么不对头的事情。

两人独处时，总在我刚刚觉得很惬意、很快乐，以为会共度一段美好时光时，科特会冒出一两句话，使气氛立马变得很糟，这让我内心十分痛苦。

有一次我们到乡村去旅游，将汽车停在一个渡口旁，因为那里的停车场非常肮脏。科特问："你要把停车费留在挡泥板上吗？"我四处张望了一下，说："哦，我想用不着，这儿似乎没有人这么做。"科特非常愤怒，马上尖声叫道："不要对我说这些。"我震惊得几乎目瞪口呆，他的愤怒来得太快了，让我一点儿准备也没有。我傻傻地站在那儿，根本无法回答他的话。我感到又痛苦又恐惧，暗地里想：我生活中一定发生了什么不对劲的事情。

模式3

受虐者可能意识到的第三种虐待模式是，有时她会感到高兴、很有热情，或者为自己取得的一点儿成绩而骄傲，但当她告诉伴侣自己的感受时，对方的话却把她的好心情一扫而光，使她感到难过。

艾伦一直在试图弄明白为什么厄尼在家时，她会感到如此难过，她颤抖着给我讲了下面的故事：

我本来并不知道我们之间发生了什么，直到有一天读到一篇描写言语模式的文章，其中讲到了有一种模式能引起别人的痛苦，我这才意识到我生活中存在的问题。不管什么时候，只要我感到高兴时，厄尼就会冷言冷语地伤害我；有时他贬损我，却说是在开玩笑。只要我感到高兴，就会在某种程度上受到伤害——这就是我的生活模式。当明白这一点后我感到非常震惊、难过，甚至都快要崩溃了。我虽然努力使自己振作起来，但依然不能理解这一切是怎么发生的。我开始担心他会知道我的快乐，因为这样会遭到他的打击，我甚至渐渐开始害怕自己有高兴的时候。

模式4

受虐者可能意识到的第四种虐待模式是，在与伴侣的交流过程中，难过、受伤、困惑的感觉似曾相识。

对于受虐者来说，每次言语虐待发生的场面都似曾相识。施虐者对其伴侣的指责很多，它们带给受虐者的感觉总是："不管我做了什么，他对我就像对待敌人。"

贝拉这样表述：

我意识到，如果我表达了自己的想法，伯特一定会反驳；如果我焦急地等着一个重要信息，伯特总会忘记把它带给我；如果我告诉他我因为某件事不高兴，他会很愤怒……这些似乎都表明，他好像把我当作敌人。

模式5

受虐者可能意识到的第五种虐待模式是，施虐者往往对她的兴趣表示蔑视。

多拉这样说：

我们在一起时，比如在谈话或者共进晚餐，我提到一些我很感兴趣的事，例如学校开设的一门新课程，迪安会拉长自己的脸，再翻两个白眼，充满倦怠地看着我。如果我问："怎么啦？"他会说："没什么。"这时我会说："好吧，但你看起来好像有点儿累了，或者有其他的心事？"他会说："你只会嘲弄我吗？"我的兴致就会荡然无存。类似的谈话会有各种各样的表现形式，但它们的共同特点是令人难过。渐渐地我明白了，他只是想打击我的兴趣。他对我这样，我感到非常糟糕。

模式6

受虐伴侣可能意识到的第六种虐待模式是，当她们为不顺畅的交流感到困惑时，施虐者却并不因此寻求和解，甚至表现得像没有这回事。

科拉说：

当科特对我大喊大叫，或者无情讥讽时，我的确感到很难过。我想让他知道我的感受，但每当我接近主题时，他会说没什么好谈的——根本不存在什么问题。他并不难过，似乎从来都没有关注过我的内心，也没有试图真正地理解我。

模式7

受虐伴侣可能意识到的第七种虐待模式是，令人受伤的交流并不是持续、连绵不断的，在有些时候，他们相处得还算融洽。

许多受虐者说，有时他们也和许多正常的夫妇一样，能够共同娱乐、购物、完成家务劳动、享受亲密关系。这种有时的正常会让她们忽视曾经受到的伤害，认为与伴侣的关系还不错，尤其是那些经常出差的受虐者，可能都意识不到婚姻中存在着什么问题。

模式8

受虐者可能意识到的第八种虐待模式是，她可能认识到自己在某种程度上是孤独的。

很多受虐者会有不同程度的孤独感，随着时间的推移这种感觉会不断加深，尤其是远离了自己原来的家庭和志趣相投的老友以后。

模式9

受虐者可能意识到的第九种虐待模式是，她的伴侣乐意对她、对他们的关系以及自己做出解释，但这种解释与受虐者的感受完全不一样。

例如一个非常暴躁的施虐者却把自己描绘成一个平易近人的人；一个冷漠的施虐者却认为他们之间的关系非常融洽；一个喜欢争辩、常常打击伴侣意见的施虐者却总说是对方在挑起争端。

模式10

受虐者可能意识到的第十种虐待模式是，她很难向施虐者说明自己对那些虐待性言语的感受。

如果你受到过言语虐待，你可能会意识到你的生活中曾出现过以上我所列举的某些虐待模式，可能是其中的一种，也可能是多种。如果你的生活中刚刚出现言语虐待的现象，随着时间的推移，某种或某几种言语虐待的模式将逐渐显现出来。

梦境有时能反映一个人真实的生活。有些受虐者通过梦境才注意到自己的真正感受，明白了与伴侣的关系。梦具有一定的象征性，尽管它表达的意义模糊不清，却是我们现实想法的曲折再现。我们对这些梦境稍加注意，有助于我们弄清一些模糊的现象。

下面这些梦境直接反映了生活的现实情况，我们几乎无须多做解释。

科拉的梦：

我从梦中醒来，感到非常害怕。在梦里，我受到了严重的制约，每次想要向前走时，迪安都会把我推回去。我向右走，他拽着我不让我动，我试图抽出自己的胳膊，他就将我往后推；我向左走，他用同样的方式阻止我。我感到越来越沮丧，越来越害怕，不得不待在原地，只有这样才会舒服些。

贝拉的梦:

我和伯特坐在汽车里,他开着车,突然间道路消失,我们出现在一个悬崖边上。我转过头来问他:"我们过得愉快吗?"

科拉的梦:

我看到一个黑人妇女坐在我前面,科特在同她交谈……我听到一个画外音说:"你一定有人格分裂症。"我知道在梦中她是科特的一部分,因为我在梦中说:"哦,那是他的影子。"

艾伦的梦:

我曾做了这样一个梦。我把汽车停在一座小山上,我知道在这座山上曾发生过三起谋杀案。突然间我意识到杀人者就在附近,然后感觉自己被人从后面勒住脖子,我想我是第四个被害者了,于是奋起反抗,摆脱了凶手的控制,但同时很担心我的指甲会划伤他的胳膊。我环顾四周,突然尖声叫了起来:"哦,厄尼,是你!"凶手的真面目让我非常震惊,即使是在梦中,我也不想伤害他。(几位女士都曾做过被伴侣勒脖子的梦。)

那些受到言语虐待的妇女经常在梦中出现这些情景,这些情景是她们现实生活的视觉再现。

有时这些受虐者发现,将她们的感受做成图片来描述,比直接用语言来描述要容易得多。

◎ 对感受的描述

一位女士说感觉自己就像个婴儿，每次站起来蹒跚学步的时候，她都会遭到打击。

两位受虐者说，她们的伴侣关系就像猫在杀死老鼠之前先要玩的一套折磨游戏。

另一位女士在谈到伴侣关系时说，她与伴侣之间如同隔了一堵厚厚的、不可逾越的隐形的墙。

◎ 身体特征

受虐者与言语虐待者生活在一起，感受到的压力最终表现为各种形式的身体特征。下面是我采访的一些女士的反映：

- ♥ "好疲倦，我感觉自己都不是自己了。"
- ♥ "我的背一直很疼，我知道我应该努力不去想它，就像努力地避开一击，但我只是不能放松自己。"
- ♥ "无法理解他，我很难受。每天醒来时，我都感到疲惫不堪。"
- ♥ "我有时感到周身疼痛，好像被硬塞到一个小小的盒子里，动弹不得。"
- ♥ "每当我们过完一个周末，我就觉得头痛欲裂。"

【第二部分】

改善言语虐待的方法

在前一部分里，我从广义的角度对两种权力模式——支配权力和个人权力——进行了对比，并考察了这两种不同的权力模式所带来的不同的生活状态，亦即状态Ⅰ和状态Ⅱ。生活在状态Ⅰ之下的伴侣，一方总想控制另一方，并怀有敌意；生活在状态Ⅱ之下的伴侣，相互支持、相互理解。我在两种权力模式的背景之下考察了伴侣之间的关系，最后列举了一些受虐者的亲身经历。

在本书的第二部分，我将对言语虐待进行更为细致的考察，仔细甄别言语虐待的特征和分类，以及发生变化的步骤和预防措施；还将探究言语虐待现象的潜在原因，并围绕着如何纠正来讨论一些重要问题；深入考察在一个存在言语虐待的家庭中，孩子和父母会面临哪些问题。

第八章

特征和分类

> 与赢得一个人的心相比，击垮一个人的精神更容易使我们获得权力感。
>
> ——埃里克·霍弗

言语虐待是指使用具有伤害性的语言攻击他人的心理暴力行为。

◎ 有哪些特征

1.**伤害性大**。如果施虐者否认自己有言语虐待倾向，他造成的伤害会更甚。因为他误导受虐者的感受，使其不能对自己的生活状态形成正确认识，于是受虐者变得更加困惑不解。

2.**主要攻击伴侣的性格和处世能力**。在施虐者的一再指责之下，受虐者会对自己产生怀疑，认为自己的确有问题，或者处世能力欠缺。例如贝拉已经注意到：

我丈夫经常说我是一个很糟糕的司机。他说多了，我便真认为自己在驾驶方面存在问题。而实际情况是我开了27年车，没有发生过一次事故，也没有收到一张罚单。而我竟然会产生自己有问题的想法，这简直像被洗脑一样。

3.可能是公开的（例如大发雷霆，或者高声谩骂，直指受虐者），也可能是隐蔽的（这种虐待形式非常间接、微妙，例如洗脑）。 公开的言语虐待通常表现为指责和非难对方，使受虐者感到迷惑、受伤。隐蔽的言语虐待通常表现为对对方的一种暗藏的侵犯，由于其间接性而不易被察觉。这种虐待形式如一种慢性病毒，既控制受虐者，还不让她觉察到。

4.贬损的话往往用关心做伪装。 艾伦给我举了一个很好的例子。

我的丈夫在责备我时总是很平静，一副若有所思的样子。他说："我们从来都无法好好讨论一本书，我想真正的原因是，你还不能理解一些很普通的词汇，而这些词汇是一般的美国人都能理解的。"听了他的话，我暗想：难怪我们之间的交流存在很多问题，原来是因为我不能理解一些普通的词汇。一阵巨大的痛楚和绝望感向我袭来，所有的痛苦都源于我的无知和浅薄，我对自己深感绝望。

5.目的是操纵和控制对方。 虽然在通常情况下，受虐者并不知道自己被对方操纵和控制，但是她会对这种与设想有很大差别的生活状态不满，会觉得很不幸福。

6.有一定的欺诈性。 言语虐待者通常对待伴侣的态度是冷漠、轻视或贬低，一般来说，其伴侣受到言语虐待是一个渐进的过程：

💜 她的自尊心正逐渐丧失，并且毫无意识。

- ♥ 她完全失去了自信，甚至也意识不到。
- ♥ 她可能会有意无意地改变自己的行为，认为这样就可以不再受到伤害。
- ♥ 她可能已被巧妙地洗脑，自己却毫无察觉。

多拉曾这样对我说：

虽然我受到了言语虐待，但朋友们看不出来；伴侣对自己和对双方的关系的描述也不会让我清楚什么，所以我无法从他们口中得知我受到了言语虐待的事实。请在写书时一定要阐明，言语虐待是多么模糊、多么微妙、多么具有欺诈性。要提醒处于言语虐待关系中的人，因为她们会逐渐习惯伴侣的说话方式，虽然会迷惑不解，但并不知道已经发生了言语虐待。

7. **发生时往往毫无征兆**。出乎受虐者的意料是言语虐待最重要的特征之一。就像前面已经讨论过的，言语虐待的产生往往没有任何征兆，如同晴天霹雳，令受虐者手足无措。不管她多么机智聪慧、明辨是非，也不管她有多深远的见地、多准确的预见性，都难以预料言语虐待的发生。她不能理解这件事情为什么会突然发生，更不知道怎样阻止言语虐待的再次发生。

8. **是伴侣关系之间的一个问题**。每个家庭中都有许多需要夫妻双方共同讨论的问题，意见不一致也是再正常不过的事情。比如在孩子的教育问题上，在共处和独处的时间分配上，甚至在看电视选哪个频道上，都可能发生争论。争论会破坏双方的情绪，但如果双方态度友善，就一定可以找到解决的办法。但在有言语虐待现象的家庭中是另一种情形，争论不再是因为某些特殊的问题，而会因为一些莫名其妙的理由，且争论的频率也不是偶尔而是经常。所以这种家庭中的争论不可能有解决办法，只要言语虐待不休，争论就不止。

9.**双重特征明显。**言语虐待者说话的方式和他想要表达的真实意图往往相差很远。这个特征可以举出很多例子来说明。比如施虐者有时会指出伴侣有些什么不对，他的真实行为和动机是在挑剔伴侣，但声音温柔、态度诚恳；有时会无端指责伴侣，大发雷霆，却又在伴侣的质问下称自己并没有生气；有时会热情地邀请伴侣出去吃饭，但在吃饭的过程中又表现得疏远而冷漠。所有这些都是言语虐待表现出来的双重特征。受虐的伴侣常常这样告诉我：

"他说他爱我，同时又告诉我他可以随心所欲，说任何他想说的话。"

"他说自己很随和，可以接受任何人，同时他又不断指责我，歧视我的感觉和想法。"

"他说他精神很放松，心态很平和，但是他总在怒气冲天，总在暴跳如雷。"

"他说他很支持我，理解我，但我觉得他很遥远，即使和他坐得再近，我依然感觉到被他放逐的孤独。"

10.**通常逐步升级，程度和频率逐步加强，模式的变化也是缓慢的。**例如在存在言语虐待的伴侣关系中，早期的虐待现象往往是施虐者通过开玩笑的方式来贬低其伴侣。这是因为在刚开始他还有所顾虑。当他发现虐待并没有遭到强烈抵制时，其他方式就会接踵而来（后文中将详细列举各种方式的言语虐待）。

许多言语的虐待会慢慢演变成肉体虐待。一开始，这种肉体的虐待并不激烈，而且非常微妙，例如不经意地拉拉扯扯、推推搡搡，令人难以觉察。一旦没有任何阻力，很快，这种隐蔽的肢体冲突就会变成公开的虐待——施虐者开始"大展拳脚"。我曾采访的一位受虐者说，只要她与伴侣单独在一起，距离稍近些，比如两人一块儿看一幅挂在墙上的地图，对方就会踩她的脚。而当她向其抱怨时，施虐者却显示出一副无辜的表情，似乎根本就不知道有这事发生。于是踩脚事件很可能继续，她的再次提醒没有任何作用。

在言语虐待不断升级、向肉体虐待转变的过程中，施虐者的表现之一可能是不断侵入其伴侣的个人空间，干扰她的正常生活。我采访到的一个受虐者曾告诉我一些她自己的经历。她说，她喜欢给自己煮一杯咖啡，然后拿个靠垫在长椅上舒舒服服地放松一下，但如果这时她离开屋子，哪怕几分钟，回来后就会发现伴侣躺在了她原来的地方，面对归来的她也无动于衷。她说，坐哪张椅子并不重要，问题是每次都这样。后来，这种情形进一步发展，每次她想到冰箱里取东西，或者到饮水机边倒水，她的伴侣总是要抢先一步站到她前面去。这位女士的伴侣的表现是言语虐待向肉体虐待过渡中的重要一环，发展下去就会出现肉体的虐待。我经常和一些为受到肉体虐待的妇女进行心理治疗的医生打交道，他们告诉我，所有受到肉体虐待的妇女都受到过言语虐待。

◎ 如何分类

接下来，我对言语虐待的各种现象进行归类，并分别予以解释。其实不管哪种形式的言语虐待，都以支配权力为主要方式。在施虐者对伴侣实施言语虐待时——比如以微妙的方式打击伴侣的兴趣——施虐者拥有了更多权力。也许我们会觉得不可思议，但对施虐者来说，他的确有这种感觉。那是不是意味着受虐者都觉得受到了打击呢？这倒未必，受虐者可能觉得受到了打击，也可能只是悲伤和痛楚——悲伤是因为与爱人兴趣不一致，从而不能交流更多的思想，分享更多的快乐。兴趣不一致是否意味着施虐者也无法享受乐趣呢？这是错的，因为施虐者仍然可以享受到自己的乐趣——他只要感觉可以实施支配权力，就找到了自己最大的乐趣。可惜受虐者从来不知道这一点。

言语虐待会阻碍伴侣关系的正常发展，这是显而易见的，然而受虐者却意识不到，她可能生活在幻想之中，认为自己与伴侣的关系很正常。产生这样的想法有各种理由，最重要的一个理由是她认为在夫妻关系中，每个人都可以充分发挥自己的作用，伴侣也不过是在发挥自己的作用，所以她认为施虐者的行为并不过分。

言语虐待者最常见的表现是愤怒，他们经常感到十分恼火。生活有许多不确定性，对未知的恐惧或者各种压力会使他们焦虑不安，于是通过愤怒来表现——不过也许是愤怒使他们心神不定。不管属于哪一种情况，他们都不肯接受这样的感觉，也不能传达给伴侣一起分担。异常情况通常只会让他们表现出愤怒。感觉是人类的基本能力，它像思考一样，是每个人都具备的一种特质。但不幸的是，言语虐待者不认可自己的感觉，他不接受感觉反映出的真实情况，也不愿向伴侣倾诉。他在自己和伴侣之间建起一堵厚厚的墙——宁愿保持距离，也不和她沟通。

为什么会这样呢？因为在状态Ⅰ之下，人与人之间有堵墙是必须的，人与人之间有距离那也是必须的。因为他们认为，不管是建一堵墙还是保持距离，都可以防止"敌人"靠近。具有言语虐待倾向的人，都会有意无意地把伴侣看成敌人，或者想当然地认为她具有威胁性，必须加以控制。结果，言语虐待者用言语来发动一场战争，以增强控制，而伴侣对此却一无所知。言语就是施虐者的武器，有多少种武器，就形成了多少种言语虐待的种类。

压抑型	轻视型
对抗型	打击型
贬损型	威胁型
掩盖型——用玩笑掩饰言语虐待	辱骂型
阻碍和转移型	健忘型
指责和责备型	命令型
评价和批评型	矢口否认型

愤怒型，对对方恶语相向（这个类型将在第九章论述）

◎ 压抑型

伴侣关系不像普通人际关系那样，仅限于交流某些信息，它需要更为亲密的接触。亲密需要相互理解，不仅要倾听对方的感受和经历，更要理解对方的感受和经历，这是亲密的基础。只要有一个人不愿与对方分享自己的喜怒哀乐，也不能在理解的基础上发自内心地支持对方，那就很难建立起亲密的关系。虽然夫妻二人不可能总是心有灵犀，有时在互相理解或者表达自己的感受方面的确存在困难，但是他们必须有相互理解的愿望。比如有些人很关心对方的感受，会询问自己的理解是否正确："这是你要表达的意思吗？"或者问："你是这样感觉的吗？"或者说"我认为……""我觉得……"但如果只是一人有这样的想法，同样难以建立起亲密的关系。

一般来说，言语虐待者会无视伴侣的倾诉，否认伴侣的体验，拒绝彼此分享感受。这些做法违反了正常伴侣关系间的一些基本准则，属于自我压抑型，从而形成了自我压抑型的言语虐待。

压抑型言语虐待是指施虐者封闭自己的思想、感受、希望和梦想，不愿意与别人分享。对待伴侣也是沉默而冷淡，尽可能地少暴露自己的想法。言语虐待者可能会在很长时间内不和伴侣交流，对伴侣发来的沟通请求，要么敷衍塞责，要么充耳不闻。这种情形可能持续几个月，也可能是几年。

这种类型的虐待之所以会在伴侣关系中潜伏多年而不被发现，是因为受虐者会给他的行为找各种理由。伴侣在与其沟通无效后会猜测，他可能喜欢安静，可能有些害羞，可能比较内敛，可能有些迟缓，或者还有轻微的自闭。诸如此类的理由，她会想出很多，而任何一个理由都能解释他的行为，遗憾的是这些理由都不是真正的原因。

虽然受虐者也希望伴侣能多陪自己讲讲话，但她知道不能要求太多，她已经认可了伴侣的现状。伴侣是愿意和自己分享感受的，对这一点她从来深信不疑。一些受虐者总是这样说她们的伴侣，"他只不过是过于羞涩而已"。下面是梅尔的妻子对其丈夫的一段讲述，这段对话形象地反映了上述情形。

梅尔是一个沉默寡言的人，很少说话。有一次我听到梅尔和他弟弟谈到一部电影，这部电影我们最近才看过。梅尔说他想知道在荧幕上那个演员在想些什么。我很诧异，梅尔从来没对我说过他想知道什么。他弟弟走后我对他说，听到他跟弟弟谈到那部电影我很高兴，表达自己的想法很不错，我非常愿意和他这样交流，希望以后有什么想法能和我一起分享。

我以为我说完他就会理解我并和我交流，让我知道他的想法了，这说不定对他自身也是一种突破。要知道，梅尔总是很沉默，除了偶尔开开玩笑，偶尔发表一点儿意见，很少说他自己的想法，所以我一直以为他有某种程度的自闭症。我现在告诉他我对他的想法非常感兴趣，我以为他可能还没有意识到这一点。

但是他回答说："哦，好吧，以前我以为你对我的想法并不感兴趣，所以我没有和你多说。"听了这话我很困惑，他的口气好像是有意为之，可是我一点儿都不知道。

科拉也有相同的经历，她的伴侣也很少和她进行交流，她告诉我：

面对这种情况，我不知道该怎么做。有时候我会想，如果我自己做得更好些，比如对身边的事情多一些兴趣，让生活能多一点儿情趣，或者多读些书，接受更高的教育，他就会更多地和我交流自己的想法了。

我真正对自己的生活状态产生怀疑是从一件小事开始的。有一天，我去拜访一位好友。我正准备走时她丈夫回来了，进门就开始讲他在网球场遇到的那个家伙如何如何。这件事对我触动很大，科特从来没有这样和我交流过他的生活见闻。我感到自己的生活有些不对头，几十年来我原来一直很孤独。

压抑型的言语施虐者采取各种各样的形式，为自己的言语虐待加上伪装。比如假装没听见伴侣的讲话，随便拿起什么东西阅读，或者一边看着电视，一边漫不经心地对伴侣说："继续说吧，我在听呢。"

当受虐者希望两个人能更好地沟通时，他们往往会这样回答：

"我们之间没什么可说的。"

"你想让我说什么？"

"你还有什么好抱怨的？我不是在和你说吗？"

"你从来没让我说什么。"

"为什么我要告诉你？你自己还不是想干什么就干什么。"

"你不会感兴趣的。"

施虐者的这些回答增加了受虐者的困惑。但因为施虐者有时也会与伴侣正常交流，提供一些他的这个角色应该提供的信息，所以伴侣认为彼此的关系还算正常。而事实上，他们之间没有亲密可言。

◎ 对抗型

与伴侣对抗是另一种类型的言语虐待，它通常表现为当受虐者说什么话时，施虐者的反应往往是想控制伴侣。因为施虐者生活在状态 I 之下，他将伴侣看作敌对的一方，不允许她有不同意见，否则就会感觉自己丧失了支配权。所以，为了满足自己的控制欲，他可能事事与伴侣争论，反驳她的思想、观念，甚至否认伴侣对生活的体验。在言语虐待的所有类型中，对抗型对正常的夫妻关系破坏最大。伴侣之间本应该就一些事情进行讨论，但对抗型的言语虐待阻止了所有讨论的可能。施虐者会否认伴侣对自己生活状态的正确认知，同时会千方百计地隐藏自己对某事的看法。处于对抗之中的施虐者，好像只能想到与伴侣对立的一面，而他的伴侣则完全被蒙在鼓里，根本不了解他的真实心境和动机。对受虐者来说，一个压抑型或者对抗型的施虐者总是很难理解的。

在第五章中，我叙述了科特和科拉之间的对话，表明科特总是反驳科拉的想法。科拉说："我想天气可能很快会从炎热转向寒冷……"科特马上反驳："不是寒冷，是凉爽。"好像科拉真的预测错了天气，认为本地马上要变得寒冷了，其实科拉想说的是天气变化给人们带来的影响，而不是在精确地分析某个地区的天气将会如何。施虐者不等伴侣说完就很快地予以反驳——既不听她说完，也不分析她用的是什么语气、选择的是什么词语、表达的是什么含义，只是武断地打断，这是这种类型言语虐待者通常的表现。

科特可能已经注意到科拉说："我想……"他明知道科拉要表达什么想法，但他依然要立即采取对抗的姿态，因为他不允许科拉有自己的思想。一个言语虐待者反驳伴侣的时候，一般都很直接，语气也很生硬。我们要反驳一个人时，通常会采用比较和缓的语气，如："在我看来这个问题……"或者"我认为……""我感觉……"而对抗型的言语施虐者决不会这么说，他会很生硬地说你就是错的。一个绝对的言语施虐者往往把对抗作为一种控制和支配伴侣的方法，以此来推翻伴侣的感受、思想和信仰。

科拉诉说了她遭到科特反驳的经历：

如果我直接表述自己的意见，或者就某事发表自己的看法，科特总会说我说的不对。似乎我表达的每一个观点，都会遭到他毫不迟疑的批评："不，根本不是那么回事。"即使我只是描述我的个人感受，他也这么否定。

下面我再列举一些对抗型的典型例子：

对话1

施虐者：他们换布景用的时间太长了。

受虐者：哦，我没有注意到这件事。

施虐者：你错了。

受虐者：是这样，我的意思是说，这样对我来说没有什么，但是我猜你不是这样看的。

施虐者：（非常愤怒）你根本不知道自己在说什么！他们换布景用的时间长，这是铁一般的事实，你应该知道的。任何一个评论家都会站在我这边！

受虐者只是试图向伴侣解释，她的感受不太一样而已，但伴侣激烈地指责她的所有体验和感觉。他表现得那样愤怒，那样激动，以至于受虐者真的怀疑是不是自己的感觉出问题了。

对话2

受虐者：在我看来，我们国家在军事方面花的钱太多，而在教育上的投资远远不够。

施虐者：根本不是那么回事，你没有任何数据来证明这一点。

对话3

南和内德进行了一场对话，这场对话使南意识到内德的对抗倾向。对话中，南表示同意内德的意见时，发现内德马上反悔，又开始驳斥她的意见。然后南又将内德反驳的意见重复了一遍，表示自己同意内德后来的意见，可是内德再次反驳了这个意见。下面是他们的对话：

内德：这个灯罩不适合这盏灯。

南：噢，是的，这个灯罩不适合这盏灯。

内德：但实际上，它是适合这盏灯的。

南：噢，它适合这盏灯。

内德：但如果它褪色了，你就不能再说它适合这盏灯了。

南：噢，我明白了。这个灯罩掉色了。

内德：这不是问题的所在。

南：那我想知道你到底想表述什么意思。

内德：不，你根本不是这样，你只是在曲解我的意思。

　　这段对话看起来奇怪极了，但这对言语虐待者来说是再正常不过的。言语虐待者的反驳和对抗会阻碍他和伴侣之间所有的交流，也破坏了他们之间建立亲密关系的所有可能。

◎ 贬损型

　　贬损型的言语虐待者会否定他的伴侣的生活状态，否定伴侣的自身感受。如果受虐者不能对贬损型的言语虐待形成正确的认识，就可能会对自己的感觉和人际交往能力产生怀疑。她会花费数年或者更久的时间，企图找出自己有什么错误、与人交往时有什么欠缺。贬损型的言语虐待否认受虐者的真实感受，扭曲她的一些正确想法，用歪曲的事实来扰乱伴侣，阻碍她形成自己正确的感知能力，这种做法简直称得上阴险。

　　举一个让你可以更深刻地理解贬损型言语虐待的例子。在一家商店中，本来价值一百美元的商品，打折后却只卖一美分，你可以想象这是一种什么样的情形。这几乎表明这个商品没有任何存在的价值了！在贬损型的伴侣关系中，施虐者对伴侣的体验和感受大打折扣，似乎它们就像那些被打折成一美分的东西，根本没有任何价值。

有时伴侣会进行反驳，比如，她说"你这么说让我有点儿受伤"，或者说"我不认为这有什么值得开玩笑的，我感觉你在贬低我"，或者"你对我这样大喊大叫，我感觉非常不好"。而施虐者会否认伴侣的这些感觉，比如他会这样说："你的感觉一团糟，没有任何意义。"这些话让受虐者开始怀疑自己的感觉。下面列举了一些施虐者类似的言语：

- ♥ 你太敏感。
- ♥ 你没有幽默感，禁不起别人的玩笑。
- ♥ 你总是贸然下结论。
- ♥ 你爱小题大做。
- ♥ 你总是把问题看得很坏。
- ♥ 你太认真了。
- ♥ 你想得太多了。
- ♥ 你想象力真丰富。
- ♥ 你都不知道自己在说些什么。
- ♥ 你不过是在想当然。
- ♥ 你总是试图挑起事端。
- ♥ 你没有高兴的时候。
- ♥ 你想的所有事情都是错的。
- ♥ 你断章取义。
- ♥ 你扭曲一切。
- ♥ 你无中生有。

♥ 你惹是生非。

……

受虐者通常都是信任伴侣的。伴侣说她是错的，她可能认为自己就错了；伴侣说她开不起玩笑，她可能就认为自己没有幽默感；伴侣说她小题大做，她可能就认为自己的观念真的有问题，等等。这些想法会破坏一个人的情绪，使人沮丧、失去成就感。更可怕的是她会遵循伴侣这种错误的暗示，想方设法地去克服这些所谓的缺点，花费很长时间去寻找适当的方法。她不知道伴侣之所以贬损她，是因为他不想为自己的行为负责，想要逃避责任。

◎ 掩盖型：以玩笑为掩护

我采访过的所有女士都经历过用玩笑来掩盖的言语虐待。不管施虐者是以粗鲁的玩笑还是机智的笑话来表达他的轻蔑，想要意识到这种言语虐待必须要反应极快才行。这种言语虐待往往在转念间就触及内心最敏感的部位，使受虐者深感难过，而让施虐者大感胜利。夹带言语虐待的玩笑从来就不会带来真正的笑声，因为它并不可笑。

言语虐待者蔑视他的伴侣，却以玩笑做掩护。他喜欢就伴侣的一些本质特征来开玩笑，比如性别、智商，或者基本能力。

在听到类似的玩笑后，受虐者也许会说："我不认为这有什么好笑的。"对此，施虐者又会否认伴侣的感觉，比如他会愤怒地说："你一点儿幽默感都没有。"或者说："你连个玩笑也开不起。"或者他会指责伴侣在挑起事端："你只是在挑起一场'莫须有'的战争。"需要注意的是，他的这些话本身就是言语虐待。

对于读者来说，从施虐者的言语中看出他不怀好意并不难，很显然他们对形成良好的伴侣关系兴趣并不大。不幸的是，受虐者却是当局者迷，往往被表面现象蒙蔽。因为受虐者一旦对伴侣的话表现出一点疑义，施虐者就会异常地愤怒，而这些愤怒似乎吓着了她，使她认为自己真的做错了什么事情，或者是真的没有幽默感。言语虐待的这种洗脑效果真是怎么强调也不过分。

下面是这类型言语虐待者常用的表达轻蔑的玩笑：

"你需要一个监护人。"

"噢，你可真容易兴奋。"

"你能指望从一个女人那里得到什么？"

"如果不是你的大脑与身体相连，你会发现你根本没有大脑。"

有时言语虐待者说完这些话后会大笑不止，好像这真是一个笑话，这种大笑也会使伴侣觉得惊恐。

◎ 阻碍和转移型

还有的施虐者会阻止伴侣把话说完，或者转移话题。这种方法对控制双方的交谈尤其有效。言语虐待者拒绝与伴侣交流，拒绝谈论一个现有的话题，也不愿提供一些有助于双方交流的信息。他通过打断伴侣说完自己的想法或者转移话题的方式，杜绝了所有解决冲突的可能。

不让伴侣把话说完既是对伴侣的指责，也是对当前谈论的阻止。下面是一些阻碍双方进行交流的例子：

♥ 你总是没完没了，总有话说。

♥ 你明白我的意思。

♥ 你以为你了解事情的经过。

♥ 好好听我说，我不想再重复一遍。

♥ 你这样说真是太武断了。

♥ 我看不出这样说下去有什么结果，咱们的讨论到此结束吧。

♥ 这些全是废话。

♥ 不要对我大肆宣扬你的观点。

♥ 不要说了。

♥ 谁问你这个问题了吗？

♥ 你似乎永远是对的。

♥ 不要喋喋不休了。

♥ 你怎么会有这个疯狂的（愚蠢的、怪异的）想法？

♥ 谁征询你的意见了？

♥ 别再撒泼了。

第四章中科拉与科特的一段对话可以生动地说明，施虐者通过转移伴侣注意力的办法，达到阻止她进一步谈论某个话题的目的。在那段对话中，当科拉问科特5万美元有什么用途时，科特却企图阻止她得到这个信息，于是他一方面指责她，另一方面转移到其他话题上，而科拉几乎意识不到他们的话题被转移了。

下面我列举了施虐者的一些话，这些话表明施虐者企图通过转移话题的方法阻止伴侣把话说完。

受虐者

"5 万美元该怎么花?"

施虐者

"没什么可担忧的,你有很多钱可以花。"

"我没有时间考虑这些问题。"

"它可以留在股票账户里,所以不要打扰我了。"

"不要问我这些问题,除非你一年能赚 2 万美元。"

"我以前已经跟你解释过了,我不会再向你重复一遍。"

"你跟我结婚的目的就只是为了钱。"

"我难道要解释每一分钱都怎么花吗?"

"如果要你解释每一分钱怎么花,你会感觉怎样?"

"你总是想找点儿什么事情!"

"我对你的抱怨已经很厌烦了!"

"如果你认为这很容易,你可以纳税,我辞去工作。"

"不要说了,我不想又开始争论。"

"这是一个很复杂的问题,对你来说,理解这个问题太难了。"

施虐者这样转移话题之后,伴侣的注意力也跟着转移了,并做出如下反应:"我不是抱怨,我只是想问一个问题。"或者:"可是我不知道你在谈论什么样的收入。"可见他们谈话的主题已经发生了改变。施虐者从来不会慎重考虑伴侣提出的问题,因为对他来说,说什么并不重要,只要能转移话题就行。

◎ 指责和责备型

一个言语虐待者会经常指责伴侣，说她做错了事，或者破坏了一些基本协议，总之，他会把自己的愤怒、恼火和不安全感统统怪罪在他的伴侣头上，没完没了地指责。

受虐者：我怎么感觉离你越来越远了。

施虐者：（大为光火）你不能这样攻击我。

在这段对话中，我们可以看到受虐者只是想和施虐者交流一下自己的感受，而施虐者却指责她在攻击自己。施虐者用这种指责的办法避免了和伴侣进行亲密的交流。

施虐者：扳手在哪里？

受虐者：孩子们把它放在汽车的后备厢中了。

施虐者：（很气愤）我没问你。

受虐者：你干吗这么生气？

施虐者：（仍然很气愤）我就是嘟囔一下，我不需要你告诉我怎么做。

受虐者本来是想和伴侣交流一下自己的感受，但并没有受到欢迎。她的伴侣指责她不真诚，并将自身的不安全感归咎于她。施虐者的这些行为只有一个含义，即要使伴侣屈服。

下面的这些责备性语言都带有虐待的倾向。许多受虐者听到这些话后是非常痛苦的，她们知道自己不是伴侣的敌人，也不想和他们作对，只是苦于无法证明。

- ♥ 你总有理由。

- ♥ 你总是挑起事端。

- ♥ 你又在找麻烦。

- ♥ 你在攻击我。

- ♥ 你能不能不画蛇添足?

- ♥ 我已经领教了你的攻击 / 胡闹 / 抱怨了。

◎ 评判和批评型

言语虐待者喜欢对他的伴侣做一番评价,然后表达自己的意见,当然这个意见主要是批评伴侣。如果伴侣对他的批评有意见,施虐者会说他只是在指出一些事实,希望这对他们两个都有帮助,但实际上是在拒绝受虐者的反抗。大多数言语虐待者说话的语气中经常带有评判的意味。比如,他会经常说一些否认伴侣自身感觉的话,最典型的是"你太敏感了",这些话听起来有点儿像是个玩笑,但实际上它们都带有评判的意味。

大多数批判是以"你的麻烦事是……"或者"你的问题在于……"等开头。"你"开头的很多话是施虐者对其伴侣的评价、批评和言语虐待。下面是一些典型的例子。

- ♥ 你竟然欺骗我。

- ♥ 你从来都没有满足的时候。

- ♥ 你虽然胜利了,但让我恶心。

- ♥ 你太愚蠢了。

- ♥ 你禁不起别人的玩笑。

♥ 你疯了。

♥ 你就不能不多此一举吗？

♥ 你真笨啊！

有时施虐者对其他人评价自己的伴侣时，也会使用一些具有虐待倾向的语言，与直接评判不同的只是将"你"换成了"她"。下面是一些例子：

♥ 她甚至害怕自己的影子。

♥ 她做事往往有始无终。

♥ 她总是不停地唠叨。

♥ 她总是犹豫不决。

有时施虐者会严肃地跟别人评判伴侣的一些经历，似乎她犯了很严重的错误，这种交谈会让她感到尴尬，这也是言语虐待。例如：

♥ 她每次坐飞机都紧张得要命。

♥ 她总是打扫地毯底下的灰尘。

♥ 她每一次去购物都会忘记带钱包。

如果双方在谈论某件事情，受虐者的话也不含有什么观点或者其他意义，但施虐者依然会大肆批评，这也是言语虐待。

科特和科拉要外出度假，他们准备去滑雪。

科拉很兴奋，大叫道："我有点儿迫不及待了，我想立刻开车去那里。"但是科特在旁边冷冷地说:"不是你开车,是我开车。"

多拉走进房间的时候,电视正在插播广告,她随口问迪恩:"那个节目完了吗?"迪恩非常愤怒地回答:"那不是节目,那是一场总决赛。"

在以上所有这些例子中,受虐者都有相同的感觉——沮丧,同时还会不自觉地说:"那不是我的本意。"其实施虐者已经完全了解了她的意思,只是他要给伴侣找出错误,只有这样才能满足自己的控制欲。如果一个人的伴侣具有这种批评型的言语虐待倾向,她可能会有这样一种紧张的感觉:我必须永远不犯错误!

当然,有时施虐者对伴侣的批评也不是很容易就能看出来的,比如当他打着帮助和建议的幌子时。

- 💜 你那样做不是更好吗?
- 💜 如果你……我想事情会好转的。
- 💜 本来可以有一个更好的方法。
- 💜 如果我是你,我不会这么做。
- 💜 下一次,你应该……
- 💜 你本来应该……
- 💜 看看你错过了什么。

◎ 轻视型

这一类型的言语施虐者认为伴侣所做的事和伴侣所说的话都不重要。施虐者在向伴侣表达自己的轻视时,往往会套上诚恳的外衣,戴上真挚的面具，使对方难以发现自己言语中的虐待倾向。受虐者如果非常信任自己的伴侣，就会敞开心扉，完全接受伴侣的意见，可是很快又会很困惑，因为她从伴侣的话中发现，对方并不理解自己，对自己的工作、爱好也是兴味索然。

轻视型的言语虐待非常微妙，受虐者会因此而感到压抑、沮丧，但不明白为什么。下面一个例子，很生动地反映了艾伦和厄内之间的这种关系。

在二十多年的时间里我们家积累了大量的文档，其中主要是些家庭文件。为了整理它们，我花了几个星期的时间去浏览翻阅，进行大致归类，随后又分得更为细致，把它们分为商业类、医药类、保险类和个人文件等等，每一类别分别贴上不同颜色的标签。这些整理好的文件最后占了新文件柜的三个抽屉。整个过程不仅漫长，而且单调乏味。

有一次我向厄内提起过我的进展程度，那时经过几个星期的努力，我已经基本完成任务了，所以很高兴。我对厄内说："厄内，我已经整理好了所有文件，还真费了不少劲呢。"我打开抽屉，给他看我的工作成果。厄内表现得也很激动，说："哇，我太感动了。"我虽然高兴，又略略感到有些诧异，因为他以前并没有对我的工作这样认可过——起码在我的记忆中没有。于是我笑着问："你真的很感动吗？""我的确很感动，你看你将这些文件的名字贴到这一个个小标签上，你怎么想到这一点的呢？"他的语气似乎有些不阴不阳。我说："哦，厄内，我只是想给它们分分类。在整个工作中，贴标签倒不是最难的。"他严肃地看着我说："噢，但我想它是整个工作过程中最难的部分。"

我感觉又伤心又失望，怎么和他说话就这么难呢？我做了这么多工作，他怎么就不能理解我的辛苦？他以前也在文件上贴过标签，怎么会觉得整理文件、给文件分类还没有贴标签困难？要知道我要详细地阅读，而且很多文件名是缩写的，辨认起来很困难，这些活儿我可是花了几个星期才干完的，他怎么会认为比贴标签还简单？我很难过，可我无法让他理解我的真正感受。

这种言语虐待特别伤害受虐者，因为施虐者先是诚恳地赞美伴侣的工作，使伴侣毫无防备地打开心门。随后施虐者又会话锋一转，称她做的不过是些芝麻绿豆般的小事，完全否认伴侣努力的成果及价值。他先将受虐者捧到天上，随后又将其重重地摔到地下，许多受虐者难以适应这样的打击，因而表现得非常脆弱。

莉也向我诉说过她的一段经历，这段经历体现出伴侣认为她做的许多事是一些琐碎的小事。

有一天，我的画作终于达到了我所要求的那种效果。于是我高兴地告诉卢克，我的绘画终于有了自己想要的风格了，然而他用漫不经心的口吻说："好了，你有时间做点儿其他事不是更好吗？"我感觉很失望，他似乎从来都不知道绘画对我来说是多么重要。我不是没事干为了消遣才绘画的，绘画是我的追求。

如果受虐者意识不到这种言语虐待的本质，施虐者的这种轻视会使她感到困惑。虽然受虐者知道，自己做的事情有多么重要，但是她又无法向伴侣说清这种重要性。施虐者在轻视伴侣的时候，体会到了高人一等的感觉，而他的伴侣呢，则似乎是被人送上了摩天轮，心理状态忽上忽下。

◎ 暗中破坏型

暗中破坏型的言语虐待不仅影响受虐者的情绪，更会对她的自信心和判断力造成打击。施虐者在采取这种虐待类型时往往会与其他类型结合使用，他们先用其他类型的言语虐待破坏受虐者的自尊与自信，再使用此类型的虐待给伴侣狠狠一击，从而达到控制伴侣的目的。下面列举的这些典型案例，可以看出施虐者是怎样打击受虐者的兴趣和热情的。

受虐者：多漂亮的花呀！

施虐者：（带着厌恶的口吻）一朵花只是一朵花而已。

受虐者：我希望发现有什么……

施虐者：你想说什么？／有什么问题吗？／我看不出来有什么问题？／谁管那些？

下面这些话体现了施虐者对伴侣的直接压制，它们也属于暗中破坏型的言语虐待。

- ♥ 谁问你了？
- ♥ 没人问你意见。
- ♥ 你总要说点儿什么！
- ♥ 你根本就不理解。
- ♥ 你从来也不能达到预期目标。
- ♥ 都不知道你怎么认为自己这么聪明。
- ♥ 你想给谁留下深刻的印象？

打击伴侣的热情也是暗中破坏型言语虐待惯用的手法，我采访多拉和梅时，她们称生活中都有过这样的例子。

我（多拉）构思了一个故事情节，自认为创意非常好，于是想写出来。我告诉迪恩，他的话却让我很扫兴，他说："真的吗？但我不认为有人会有兴趣读你写的那些东西。"我的创作热情立刻消失了。

我（梅）有一个节食的计划，同时想去健身房锻炼。我把这个计划告诉了梅尔，很快他就递给我一篇文章，说："你看看，它可以给你一些建议。"这是一篇关于健身的文章，文章认为将节食和健康联系在一起的人都很盲目，只会跟着潮流走，也就是说我现在最感兴趣的锻炼方式不过是赶时髦。虽然我认为这种说法很奇怪，也并不认同，但是我再也没有动力实施我的计划了。

在第四章我还举过一个例子，当艾伦复习功课准备考试的时候，她的伴侣会常常跑过来问她好不好，以使她感到焦虑不安。伴侣的行为影响了艾伦的判断力，破坏了她的安定感，是一种暗中破坏型言语虐待。

另一种表现形式则是打断伴侣兴致勃勃的谈话。例如当受虐者正在与他人谈话时，施虐者突然插进一阵大笑，或者重重地敲打钢琴，等等。他的目的就是制造干扰因素，打断伴侣与其他人的谈话。有的时候更简单，比如施虐者直接打断伴侣正在讲的故事，或者对伴侣的意见提出另外的看法，或者直接否定伴侣的观点。

受虐者受到暗中破坏型的言语虐待后，可能感觉自己的能力不足，不能实现某种需要。贝拉就有这样的遭遇：

伯特递给我一份文件，我说："我需要读一读才能在这上面签字。"

伯特马上变得很愤怒，说："对我来说这事再简单不过。"

这里伯特的潜台词是："我可以代你考虑这件事，对你来说它太复杂，你根本应付不了。"

◎ 威胁型

威胁型的言语虐待是指施虐者通过一些会引起伴侣极大恐惧的话来控制伴侣。下面是施虐者常说的一些话：

- 💜 你最好照我说的做，否则我会离开这里。
- 💜 你最好照我说的做，否则你会很痛苦。
- 💜 你最好照我说的做，否则咱们就离婚。
- 💜 你最好照我说的做，否则我会很生气。
- 💜 你最好照我说的做，否则我揍你。

或者说：

- 💜 如果你……我会……

◎ 辱骂型

辱骂型是最公开的言语虐待方式之一，如果一个人怒气冲冲地辱骂伴侣，那毫无疑问就是言语虐待。当然，如果辱骂时反而带着亲昵的语气，加上"甜心"之类的称呼，这种情况就应该除外；如果带着讽刺挖苦的语气，又该另当别论。

◎ 健忘型

健忘型的言语虐待表现为否认对伴侣的操纵或者极力掩盖对伴侣的操纵。对于已经发生的事情，施虐者宣称根本没这回事，这就是一种言语虐待。我们承认，每个人都会忘记一些事情，然而如果一个人经常忘记与伴侣说的一些话，而且往往是曾对伴侣产生过重要影响的话，那么这就不是巧合，而是言语虐待。

施虐者对伴侣大吼大叫或者说了一大堆贬低她的话之后，受虐者会受到严重打击，当她努力调整好后，会试图和伴侣讨论刚刚发生的事情。然而施虐者如失忆般"忘记了"刚发生的事，他否定了受虐者的记忆，比如说："我不知道你在说什么，你别再说了。"

言语虐待者有时也会"忘记"答应过伴侣的事情，而这些事情对伴侣来说都是非常重要的。他会说"我不知道你从哪里来的这个想法"，或者说"我们之间从来没有达成什么协议"。施虐者通过这些话来否认自己许过的诺言。

◎ 命令型

命令型的言语虐待否定受虐者的平等权和自主权。这种言语虐待的表现通常为，当施虐者有什么要求时，不是礼貌地询问伴侣是否愿意帮忙，而是命令她帮忙。他对待伴侣的态度就像对待一件物品，好像对方要随时满足他的各种需要。下面我列举了一些命令型言语虐待的典型语言：

- ♥ 扔掉它。
- ♥ 把这里打扫干净。
- ♥ 把那件衣服脱下来。
- ♥ 你不能穿那条长裤。
- ♥ 我们不再讨论这件事了。
- ♥ 把它关掉。
- ♥ 马上做这件事情。

◎ 否认型

尽管所有言语虐待都会产生严重后果，但是否认型言语虐待是最具欺诈性的一种，它否认自己的行为，也否认受虐者的生活体验。

在正常的状态下，一个绝对的言语虐待者会运用各种各样的虐待形式。如果有施虐者恰巧读了这本书，看到了我列举的各个类型的言语虐待，即使他常常使用其中的一种或者几种，他也可能会说自己从来没有过言语虐待的行为，他会宣称他很爱自己的伴侣，也从来没有做过任何伤害她的事情。下面是言语虐待者经常否认自己行为的语言：

- ♥ 我从来没这么说。
- ♥ 这些都是你想象的。
- ♥ 我们没有这么讨论过。
- ♥ 根本没发生什么事，不知道你为什么还难过。
- ♥ 我不知道你怎么会有这个想法。
- ♥ 我看你快疯了。

如果受虐者能够清醒地认识以下这些问题，就能保持足够的自尊，就可以对言语虐待形成正确的认识。

- ♥ 他的确说过那些话。
- ♥ 你并没有虚构什么。
- ♥ 你们的确讨论过有关问题。
- ♥ 是因为有一些事情使你难过，你才感到难过。
- ♥ 你的自身体验是真实的。
- ♥ 你并没有发疯。

关于愤怒型言语虐待的问题，我们将在第九章里详细论述。

第九章

愤怒也能成瘾

> 如果不去控制别人，就会觉得没有作为……总之，最重要的是你可以做到这一点，你能够对别人发火，而别人无法回击。
>
> ——阿尔伯特·卡姆斯

如果一个人总是对伴侣发怒，这种行为本身就暗含着言语虐待倾向，同时也推动着言语虐待不断升级，使虐待行为持续存在。受虐者想正确认识这种愤怒型言语虐待，需要认清一些现象，坚定一些信念。无论施虐者如何发怒，是大喊大叫，还是怒目而视，受虐者都要相信他的行为与自己无关。尽管施虐者会要求她负责，或者指责是她导致了自己的愤怒，受虐者都应置若罔闻，且不须解释。

虽然受虐者从无数次经验中得知，在伴侣发怒后无论她怎样解释自己的话，都不会让施虐者产生歉意，都不会等来那句："哦，对不起，刚才我不该对你凶巴巴的，你能原谅我吗？"但是她仍然不放弃这种希望，总盼望着下一次，下一次他能理解自己。在所有希望中，这种相信爱、渴望爱的希望几乎是最难放弃的。

在第二章中我举过一个例子，受虐者进行自我辩护的同时，无异于把自己倒退到施虐者的状态。在这种状态之下，甚至会出现斗殴——一旦施虐者认为伴侣和自己处于同一种状态，试图与之对抗，他会真的动手。对于施虐者来说，向别人道歉是不可能的。

受虐者必须意识到，没有任何办法可以阻止施虐者发泄怒气，这非常重要。

施虐者之所以愤怒，是因为他感觉自己没有权力。他发泄愤怒的方式有两种，一种是通过巧妙的操纵来控制伴侣，这是一种隐蔽的方式；另一种是常常对伴侣无故发火，这是一种公开的方式。后者往往包含了对伴侣的责备和指斥，以莫须有的问题和错误，来回避自己愤怒的真正原因，且给自己的发怒找一个冠冕堂皇的理由。受虐者通常会为自己辩护，但施虐者愤怒的表现可能使其伴侣对自己的辩护行为产生疑虑，从而放弃为自己辩护。

由于施虐者经常感到失去权力，因此易形成潜在的精神紧张状态。他们通过发怒的方式——突然的暴跳如雷，使伴侣们心慌意乱、手足无措，以此来缓解自己的这种紧张。但好景不长，很快他们又产生新的紧张，于是再一次通过发怒来释放，这样就形成了恶性循环。我把它叫作"愤怒成瘾循环"，把一直以这种行为模式行事的施虐者叫作"愤怒成瘾者"。

这种循环没有任何规律可循，不仅施虐者的愤怒没有一个稳定的周期，每一次愤怒的程度也不尽相同。但我们可以找到影响这种循环的因素，它们包括：工作或家庭中的变化、不同时期他的权力感、他的想法、恐惧、依赖感和失落感；如果他酗酒的话，酒精也会成为他时常发怒的原因之一。虽然酒精不会使他的心情更加狂躁，但是会让他更加失去自我约束能力，所以在伴侣身上发泄怒气也会更没节制。

这种循环会给施虐者带来双重收获。其一，他会感到放松，精神愉悦，情绪高涨；其二，他通过对伴侣的大喊大叫，再次确立了自己的统治地位，确立支配权。因为这双重诱惑，受虐者各种形式的阻止都不能让施虐者停下他虐待的脚步。

做愤怒成瘾者的伴侣是非常艰难的。为了应付突如其来的愤怒，受虐者的神经就像绷紧了的弦，她感觉自己身处一个地雷阵中，一不留神就会踩中，疲于应付伴侣的愤怒和指责，这几乎成为受虐者的生活常态。值得注意的是，在愤怒型言语虐待的家庭关系中，受伤的不仅是受虐者，所有的家庭成员都会受到影响。梅在谈到她的家庭时，告诉了我她经历的一件事，这正好印证了上述内容。

有一次孩子看到我在哭，就问我发生了什么事。我告诉他，他的父亲又对我大喊大叫了，他说："妈妈，我告诉你一个方法，如果你接到爸爸的电话，就把手指放到电话的按钮上，你不必再花时间来判断爸爸想说什么，只要听到他要发怒，就马上挂断电话。这样你就会笑了，而不是在这里哭。"

言语虐待者的愤怒没有理性，也没有周期，与伴侣无关，却干扰伴侣的生活。无论他们在发怒时是声色俱厉地大喊大叫，或者是指指点点地高声谩骂，都会使伴侣感到痛苦和困惑。这些进攻性行为打乱了受虐者正常的生活状态，打击了她的精神，使她不知所措。施虐者的怒气并非因伴侣而起，却要伴侣来承担他们发怒的结果。

有一些受虐者试图对施虐者的愤怒视而不见，希望这样能使自己少些困扰。她们往往这样想："我非常坚强，他也不是真的想伤害我，所以我不会因为他大吼大叫就感到情绪低落。我可以尝试解决我们之间的问题，因为慢慢地我会进一步了解他，他也会更好地理解我。他会知道他说的一些话使我感到难过，他也能逐步学会征求我的意见，比如在发火之前可以确认一下我所说的或做的真正意思，这样他就不至于轻易发火。"受虐者采用这种方法会有什么结果呢？结果是她必须用自己的力量跟自己抗衡。她要努力保持自己生活的平衡和内心的宁静，这需要她尽最大的努力来忍受言语虐待带来的痛苦，还要尽量去理解施虐者的虐待行为。她可能遭到沉重的精神打击，当然也可能更加困惑，就像安（一个受虐者）曾经困惑地对我说："他是爱我的，只是不喜欢我而已。"

受虐者的视而不见也会让施虐者感到失望，因为他感觉自己的行为没有达到目的。他希望自己处于这样一种境地，既能释放自己的紧张情绪，又能控制伴侣，满足自己的控制欲。如果伴侣仍有热情，没有表现得思虑困惑、精神萎靡，他会认为没有达到打击对方精神的目的，就会加重言语虐待，而且这可能并不是一个有意识的决定，是潜意识的想法。此时他会更加愤怒，更加紧张，更加依赖他的支配权力。

对于受虐者来讲，即使她已经适应了施虐者的言语虐待，可以做到心平气和，但在心里仍希望这种状况会改变：希望施虐者不再有虐待行为，希望自己不会惹恼他，希望能够搞明白自己错在哪里，希望自己的感觉是正确的……

总之，受虐者试图通过自己解决这些问题，使自己能够坦然地面对伴侣的怒气，但是施虐者会认为伴侣不受影响，他会加重言语虐待的程度和频率，直至达到自己的目的。再者，随着时间的推移，施虐者的控制欲会越来越强烈，因而他的愤怒和敌对情绪也会不断地增长。

施虐者和受虐者之间形成了这样的局面：一方面，受虐者努力忍受伴侣的愤怒，尽量弄清问题所在，希望改变彼此关系；另一方面，施虐者却用自身的力量加剧言语虐待。如果受虐者告诉伴侣，他的大吼大叫让自己多么难过，施虐者一般会表现得更加愤怒，否认自己的行为给她带来痛苦，称不过是她反应过头。

如果一个人发怒成瘾，又不肯道歉，一个原因是他想通过这种行为保持自己在伴侣面前的地位——对伴侣大喊大叫，另一个原因是可以释放自己的紧张情绪，维持平和稳定的生活状态，同时情绪高涨，感觉自己的支配权力更加稳固。当施虐者大发雷霆之后，只要他能够摆脱责任，指责伴侣，那么施虐者就可以保持高昂的情绪，而让伴侣承担痛苦。

言语虐待者的伴侣，特别是愤怒成瘾的言语虐待者的伴侣，如果意识到自己受到了伤害，而配偶感觉良好，一般会受到强烈震撼，科拉的经历表明了这一点：

晚上我告诉科特，这整整一天我都非常难过，因为早上那场激烈的争论影响了我的情绪。那时科特突然无缘无故地对我大吼，当我想向他解释时他已经摔门上班去了。可是他现在好像什么也不记得了，他说："什么争论？我不知道你在说什么。"我提醒他，早上我们就如何放置鸡蛋的问题发生过激烈的冲突，他当时对我大声喊叫，说那种方法不对，他的表情看起来非常愤怒。我问道："今天早上你不是感觉很糟糕吗？"他说："你疯了吗？我感觉非常好。你是不是想挑起争论啊？"我只能说："不。"

通常一个易怒的言语虐待者会认为："我怎么会做错什么，我的感觉一直很正确。"贝拉给我讲了下面这件事情：

我感觉我们的婚姻存在问题，于是想找个专家咨询一下，伯特也同意和我一起去拜访婚姻问题专家。在那个专家面前，我讲述了我们婚姻中的问题，我说，当伯特对我大声叫嚷的时候，我感觉受了伤害，还有些恐惧。当我们离开专家办公室后，伯特马上向我大吼，说我攻击他，让他尴尬得无所适从。我感到很困惑，我不知道他是什么意思，也不知道为什么他会认为我在攻击他。

如果施虐者经常在伴侣身上发泄怒气，指责她要为自己的愤怒负责，而受虐者身边的朋友又对施虐者的印象非常好，称赞他出色，羡慕受虐者幸运；如果施虐者常在她耳边说自己是如何爱她；如果这个家庭从来没有形成夫妻之间相互关爱的模式，那么受虐者不仅不会认识到自己实际上正在遭受言语虐待，甚至会不断为施虐者的行为寻找合理的解释。

施虐者的无端发怒会降低伴侣性生活的欲望，而施虐者又借此指责伴侣，称她忽略他们的感情，冷漠、无情、不近人事，受虐者就又会以为自己真的错了。

愤怒型言语虐待一开始往往表现为气愤地喊叫，升级后就成为狂暴的怒吼。随着时间的推移，施虐者言语虐待的程度和频率都会逐年增长，增长最快的，是夫妻关系开始的头几个月或第一年里。我采访过的两位女士都曾谈起过他们新婚不久后的事情，她们告诉我在那段时间里，她们的丈夫发生了巨大的变化。

尽管愤怒型的言语虐待往往充斥着责难和指责，但受虐者实际上从来没招惹过施虐者，也没想过去激怒或者"控制"施虐者。相反，当我聆听受虐者的生活经历时，我意识到她们中的每一个人都曾尽最大努力去表达清楚自己的意思，避免被伴侣误会，但通常她们都感觉自己在这方面失败了。

没有一个合适的词语可以概括愤怒型言语虐待的特征，如果要弄清愤怒型言语虐待是什么样子，你可以翻回到前一章，阅读我在那里列举的所有虐待语言，然后大声地、愤怒地说出这些话，就知道言语虐待是一种什么情形了。或者你可以咬紧牙齿，绷紧脸上肌肉，从牙缝中吐出这些词，也可以体会到同样的效果。如果你想知道这种虐待对伴侣的影响，将这些语言一股脑儿运用到她身上，对着她大喊，这样效果会很显著，你会发现它对伴侣以及你们的夫妻关系产生了怎样恶劣的影响。

愤怒型言语虐待有一些标志，受虐者无法得到伴侣的温情就是其中之一。所有的言语虐待，包括冷笑、争论、发脾气、大叫、怒吼、冷嘲热讽等，这些行为本身就缺乏人与人之间的温情。如果一个人常有上述行为之一，那么他的伴侣就可以断定自己在与一个愤怒成瘾的人生活在一起。罗伯特·布朗布里奇曾说过："冷嘲热讽只是愤怒这座冰山的一角，通过它可以揭示整座冰山的面目。"

愤怒型言语虐待还有一些形体的标志，主要包括与愤怒相联系的肢体语言，比如咬紧牙关、挥舞拳头，这些动作都是愤怒型言语虐待的表现。当然，任何对对方肉体的攻击和私有财物的破坏都是愤怒型言语虐待的标志。

有一些言语虐待者并不公开表达自己的愤怒，比较隐蔽，但这些隐蔽的言语虐待者同样也会生气，也对伴侣带有敌意。只是他们不像愤怒成瘾的人那样，动辄就对伴侣发火，而是选取了另一种模式——他们似乎更倾向于制订一个长远计划，在不知不觉中控制和操纵受虐者。

愤怒成瘾的人既容易愤怒，也会很快地把愤怒表现出来。大多数受虐者没有意识到言语虐待者是很容易发怒的，她们都相信，伴侣只是对有些事情过于敏感才导致了愤怒。她们认为伴侣不能正确地理解这些事的内涵与本质，从而误导了自己的行为。而实际情况是，一个愤怒成瘾的人听到某件事后，会以自己的方式来进行重组，使它变成自己所希望的那样，以便从中找到理由，对伴侣发泄怒气。这真是蛮不讲理。梅曾对我说："刚开始我见容易激怒他，就很小心翼翼，以为这样就没事了。可是后来我发现，他发怒的真正原因不在我这里，于是我开始害怕了。"

第十章

温水煮青蛙

一个科学家做过一个实验。她将一只青蛙放到一盆滚烫的水中，青蛙马上跳了出来。然后，她又将另一只青蛙放到一盆冷水中，青蛙没有反应。科学家慢慢地给水加热，使其温度逐渐升高，青蛙似乎是适应了环境，依然没有不适的表现，最后在越来越高的水温中，这只青蛙被舒服地煮死了。

——阿诺尼姆斯

条件作用包含的重要内容就是适应环境，我们周围的条件可能发生改变，但我们也能逐渐适应，就像青蛙会适应逐渐加热的水一样。缓慢、逐渐发生的变化一般很难被注意到，所以受虐者就像温水中的青蛙，对环境的变化毫无察觉且不自知地适应，尽管这种环境会对她的精神状态造成严重破坏。

我们再看一下上面的故事，青蛙之所以会立即从热水中跳出来，是因为它平时处于空气中，空气的温度非常舒适，身处热水中则会很难受。两者温度差异大，对比悬殊，所以能立刻分得很清楚。如果它感觉到热水并不是适合它的环境，而仍选择待在热水中，那它就是否定了自己的生活经历，或者说处于一种非自然状态。

受虐者所处环境的形成与她的个人文化水平、原生家庭氛围以及夫妻关系有关，我们不是不受环境的影响，而是会适应环境。

有一些书在描述我们周围环境的时候，只从文化的角度描写，反映我们社会的不公正之处。这一章我将大致地做一下介绍，主要笔墨会放在描述受虐者的处境方面。受虐者受到了言语虐待，自己却并没有意识到，其中有很多因素值得我们深思。

受虐者有一些基本的认知，她们相信自己的伴侣能够理性地对待自己，这是受她们成长环境的误导，从孩童时期就开始了。受虐者从童年时起可能就听到过这样的话："别哭了，有什么好哭的。"这话或是对她说的，或是对别人说的，但无论对象是谁，都不是正确的教育方式。一般来说，孩子哭闹是因为得不到他想要的东西，比如一块糖果，父母一般会这样安慰孩子："你已经吃了一块糖了，我知道你想再要一块，但是为了你的健康我不能再给你了。"孩子明白不可能达到目的，于是会在父母的臂弯中寻找安慰。孩子长期在这种环境下生活，一旦父母只是粗暴地对他说"别哭了，有什么好哭的"，他是不会对这种回答满意的。

而有些孩子从小听惯了这种不近人情的话，长大后，即使受到言语虐待，她们既不相信自己的感觉，也意识不到不近人情的地方。所有的虐待语言都是没有理性的，试想两个人在争吵的时候，怎么会有理性的语言呢？而受虐者之所以相信她的伴侣是一个理性的人，是因为她以自己的一些假设为基础。当然，还有各种各样的复杂因素促成了她的这些假设，而不仅仅是她童年的那些经历。

每个受虐者的内心深处，其实已经形成了一些先入为主的观念，这正是她们可以逐渐适应自己处境，难以察觉其中变化的原因。有学者论述过一个原则，这个原则是整个社会的通用模式，也深深影响了受虐者某些观念的形成，即认为男性普遍是理性的、明智的、有逻辑性的，而女性则缺乏理性。所以受虐者相信她的伴侣是一个理智的人，而自己则是不理智的那一个。

当施虐者否认自己有言语虐待行为时，受虐者一般并不怀疑伴侣所说的话，她可能会寻找自身的原因，而相信伴侣的行为是理性的。她可能会认为："他对我发火一定有什么原因。"或者想："他认为我的工作不重要一定有什么原因。"她还可能这么想："他认为我试图挑起争端一定有什么原因。"

相信伴侣的行为是有逻辑性的，这是导致受虐者感到困惑的主要原因之一。施虐者并不是任何时候都表现出言语虐待行为，他偶尔也会表现得比较理性，只是很快又会转到不理性状态，对伴侣高声怒骂。这种行为的转变一般都非常迅速，这更增加了伴侣的困惑。

受虐者之所以习惯于这种环境，不仅与她的文化状态及童年的生活经历有关，而且与她的伴侣循序渐进地实施言语虐待有关。出于上述原因，受虐者不仅意识不到言语虐待的存在，也从来不怀疑自己的生活状态。她从来没问过："我是否受到了言语虐待？"她的身边也没有人问过她："你是否受到了言语虐待？"许多人并不了解言语虐待是怎么回事，对于受虐者来讲，言语虐待就更是一个崭新的概念。在新事物刚出现时，甚至还没有权威人士来给它命名，许多人不了解它，也不理解它，这种新事物就会给人不真实感。

言语施虐者尤其会破坏伴侣自我认知的能力。施虐者会经常指责他的伴侣，说她没有逻辑性、太敏感、爱挑事、争强好胜、自以为是，等等，而且他会逐步加强其指责的程度并提高频率，这样伴侣就会慢慢习惯他的指责，接受他的指责，而越来越怀疑自己的能力和性格。整个过程，犹如施虐者在对受虐者洗脑，而受虐者也在这种过程中渐渐失去了自我。这个过程不仅仅会对受虐的伴侣产生影响，也会对她家庭中的其他人产生影响。莉的这个故事可以使我们认识到这一点：

> 卢克经常说我的家人有些奇怪，尽管表述的方式非常微妙。我慢慢地受到影响，认为他接触到的是真实的社会，而我和我的家庭则与社会脱节。我认真地考虑了我所有亲友的行为后感到有些迷惑，他们很受别人的尊重，也对社会做出了真正的贡献。尽管如此，我仍觉得我的家庭背景有什么不对的地方，似乎他的家庭背景更正常。直到现在，我才明白了事情的真相，他说的都不是实情，而我像被洗脑了一样。

丹尼斯·温是《被操纵的头脑》一书的作者，他在书中告诉我们，洗脑和心理强制问题的形成过程中有很多因素在起作用："社会、心理因素以及其他的社会环境结合在一起，造成了洗脑的效果，形成了心理压力。每一种因素都会给他们自己带来很大的影响。"丹尼斯·温告诉我们，被洗脑的那些受害者一般都有共同的经历。这些经历包括：自信心遭到破坏，怀疑自己的判断力；无论发生什么事，感觉家里没有人关心她们；感觉自己失去控制，非常无助；在公开场合蒙羞，自尊心受伤；她们需要友情，需要被对方认可，为了这种需要，她们往往屈从于对方；易受外界影响，常常感到焦虑不安、恐惧，有负罪感和不安全感；施虐者一些难以预料的行为使她们感到很迷茫。而如果没有一个标准可以依从，她们在被控制的情况下会感觉更糟。

这本书还提到了罗伯特·利夫顿的研究。书中说："在利夫顿看来，意识形态上的集权主义和所有企图控制他人的行为都有一定的特征。"非常有趣的是，他列举的第一个特征就是"控制各种形式的交流"。

当然，在夫妻关系中，施虐者通过一些办法可以控制两个人的交流，比如否认存在言语虐待现象，拒绝和伴侣讨论她的痛苦与悲伤等，施虐者通过这些方式控制夫妻间的谈话。梅告诉我：

> 他有一个秘密的日程表，总试图控制我，如果我不知道他的秘密，
> 会感到非常无助。

在所有的文化形态中，一些智慧的语言和良好的传统都会代代相传，这是我们文化传统的一部分。不幸的是，一些不良的道德意识和陈腐的观念也会流传下来，很多是陈词滥调，它们对社会产生负面影响，但有时受虐者会根据这些陈腐的观念解释自己的经历。我将那些陈词滥调和它们对受虐者产生的影响列举如下：

◎ 不良的道德意识和陈腐的观念

- ♥ **"一个巴掌拍不响。"** 这让受虐者相信，在某种程度上，自己要为自己的痛苦负责。
- ♥ **"爱能战胜一切。"** 她会认为，如果自己能够再多爱一点儿，对伴侣更包容些、体贴些，会得到相应的回报。
- ♥ **"你能克服。"** 如果受虐者相信这一点，她会认为如果自己非常坚强，就能够超越痛苦。
- ♥ **"知足者常乐。"** 这让她觉得自己不该要求太多，应该知足常乐。
- ♥ **"如果你不能说出别人的优点，你就什么也别说。"** 如果受虐者相信这一点，就会认为对别人谈起伴侣错误的行为是对伴侣不忠诚、不友善，是在对伴侣评头论足。
- ♥ **"女人必须比男人多付出一些。"** 相信这一点的受虐者认为，自己应该付出更多努力来理解伴侣，同时应该把自己的想法告诉

他，让他更好地理解自己。

- **"投之以桃，报之以李。"** 如果受虐者相信这一点，会认为，如果伴侣对自己叫嚷，一定也是自己对他不够友好。这样，受虐者就会试图向他解释，自己所说的并非他想象的那样。

- **"不要计较那些小事。"** 受虐者会认为，如果自己不在乎伴侣的大喊大叫，就不会如此难过。

- **"如果你对他敞开胸襟，他也会对你打开大门。"** 如果受虐者相信这一点，她会认为，如果能把自己的想法告诉他，他也会这样做。

- **"请再多试一次。"** 如果受虐者相信这一点，她会认为，为了更好地理解伴侣，也为了让伴侣理解自己，应该想方设法地加深双方的了解，而可能还有一些方法自己没有想到。

- **"永不放弃。"** 如果受虐者相信这一点，她会认为，放弃寻求互相理解本身就是一种失败。

- **"大喊大叫总比动手动脚要好得多。"** 如果受虐者相信这一点，她会认为，伴侣的所有虐待性语言不会像拳脚那样能伤害她。

- **"不能要求太多。"** 如果受虐者相信这一点，就会认为，自己应该降低对伴侣的期望值。

- **"只是词不达意。"** 如果受虐者相信这一点，就会认为，不管自己感觉多么糟糕，实际上他并不想伤害她，只是用词不当而已，所以她不应该这么难过。

- **"保持微笑。"** 如果受虐者相信这一点，就会认为，只要自己保持一种乐观主义的态度，就有可能找到理解伴侣的方式。

- **"他不太了解情况。"** 相信这点的受虐者会认为，如果自己能告诉他，他的话伤害了自己，他就会更好地理解自己，并不再伤害。

❤ **"这只是一个阶段。"** 如果受虐者相信这一点，就会认为，只要自己耐心等待，好日子很快就会到来。

❤ **"棍棒和石头可以敲断你们的骨骼，但言语从来不会伤害你们。"** 如果受虐者相信这一点，就会认为，不管他说些什么，她都不应该感到受伤。

❤ **"接受别人，像别人接受你一样。"** 这句话让受虐者觉得，自己应该接受并理解伴侣的言行。

❤ **"请三思而后行，不要轻易下结论。"** 相信这句话的受虐者在接受和不接受伴侣的行为之间徘徊，不知道做哪一种选择才不会出错。

❤ **"生活是自己创造的。"** 受虐者可能认为，自己做错了一些事情，正是它们给伴侣关系造成了障碍，也给自己的感觉带来了错误。

❤ **"没有人说生活很容易。"** 受虐者可能认为，伴侣关系中存在困难是生活的必然，而且他们的关系并不见得比别人更糟。

❤ **"福兮祸倚。"** 受虐者认为，这世上没有绝对的好事，也没有绝对的坏事，祸福相连，好事坏事也相伴而生，一切都会慢慢好起来。

◎ 受虐者

我采访的这些女士都是现在正受到言语虐待或者曾经受过言语虐待的，她们大部分是中产阶级，处于社会的中上层，教育状况从高中到博士学历不等，职业也多种多样，包括艺术家、家庭主妇、商店售货员等。作为受虐者，她们一般具有以下特征：

垂头丧气　　　　　以诚待人

责任心强　　　　　乐观向上

充满希望　　　　　渴望得到理解

多愁善感　　　　　忍气吞声

富有同情心　　　　随和

天真无邪　　　　　迷茫

第十一章

认识和改善

> 不了解情况很糟，不希望了解情况会更糟。
>
> ——尼格伦·普罗伯

受虐者开始认识到她们的伴侣关系中存在问题后，通常会去向专家咨询，或者告诉自己密友，向对方讲述自己和伴侣的某些对话，然后询问："这样正常吗？"有时也会询问朋友是否有过和自己类似的经历。这是受虐者认识言语虐待必须要经过的起始阶段。

受虐者认识言语虐待的第一个阶段，是从怀疑自己转变为怀疑伴侣——受虐者开始怀疑，是否每个家庭都像自己的一样，要经历那些令人痛苦的事情。当然，在这个阶段，她们对健康、正常的家庭生活还没有清晰的认识，也就是说，她们还没有认识到，在健康的夫妻关系中，没有人会吼叫对方，也不会贬低或伤害对方。如果一个人老去伤害另一个人的尊严，这不是正常现象——即使真的伤害了对方，他也会尽自己所能进行补救。受虐者认识这些现象还需要一些时间。

当受虐者对言语虐待现象有所认识的时候，她才开始醒悟过来，才会意识到伴侣和自己的生活态度根本不同，于是以前对伴侣的种种幻想开始慢慢破灭。她第一次发现，在他的生活状态之下，控制和支配模式代替了个人的权力，这对她来说很难理解——她根本无法相信，她的伴侣对她恶语相向，根本不是她做错了什么，她的观念、感觉、思想、行为和能力都没有什么不对的地方，伴侣的所作所为都是为了控制和支配她。

在受虐者意识到和伴侣生活在不同的状态下后，也就认识到自己实际上受到了言语虐待。她总是本着相互支持、相互理解的原则来处理夫妻关系，所以当她意识到伴侣总是企图控制和支配她时，会感到极大的震动。而当她进一步发现伴侣的企图得逞了，他的确占有支配性权力，她会感到更加震惊。

虽然意识到施虐者的生活状态会让受虐者震惊、痛苦，但这是必经阶段，如蛇蜕皮、如蛹化蝶。如果受虐者认识不到施虐者的生活状态，就会抱着幻想继续这么生活下去。

如果受虐者不能肯定自己的生活状态，也不能正确认识伴侣的生活状态，会出现什么情况呢？她在与施虐者相处时，会不自觉地以自己的生活方式行事，会与对方交流自己的感受，愿意与其共同行使权力。下面我举了一个例子，说明受虐者和施虐者的不同想法，说明他们两个人有着不同的生活状态。他们之间的对话反映出施虐者的言语虐待行为，表明他们两个人中一个是受虐者，一个是施虐者，他们的思想和大多数存在言语虐待现象的家庭中夫妻双方的思想一样，具有普遍性。

某天，该吃午饭了。施虐者走进了厨房，问："今天中午吃什么？"
"我做了一个鲜虾沙拉放在冰箱里。"伴侣回答。
施虐者突然愤怒地吼道："你怎么会认为我想吃沙拉？"
伴侣一时不知所措，她想施虐者之所以这么生气，是因为自己提到了沙拉，而他以为那是她要给他吃的，所以才这么生气，于是她说："你为什么生气？我又不是那个意思。"

"你不要烦我了，你好像总是对的。"

令施虐者最生气的，其实是伴侣对他提出了疑问："你为什么生气？"但是，伴侣却认为是自己提到的沙拉触怒了他，因为自己提到了沙拉，而施虐者对沙拉很反感，他一定以为自己坚持要他吃沙拉，否则不会发怒，毕竟他是爱自己的。但事实上，受虐者之所以这么说，是因为自己午饭想吃沙拉，做好了沙拉让她很高兴，于是施虐者询问时她就很高兴地提到了，但这些施虐者并不了解。所以她想："也许我可以说清楚，这样他就会知道我从来没有想让他吃沙拉。"（她始终认为他和自己的生活状态一致，他们之间可以相互交流。）

她继续解释："我想让你知道，我的真正意思是……"

她的解释被施虐者打断了。这是因为，她现在想要解释的是第一句话的意思，即沙拉在冰箱里这句话的意思，但施虐者最反感的是她的第二句话，即那句"你为什么生气？"其实不管伴侣说什么，他都会认为她是在与自己对抗，不想承认自己无缘无故地发怒，而伴侣的"为什么"指出了这一点。他认为伴侣和他一样，总想控制别人，所以将伴侣的任何回答都视为对抗。他会这样想："你在质问我，想要我难堪，想证明自己是对的。"

伴侣不想和他争吵，所以她试图解释，但是解释被施虐者以极其愤怒、厌倦的语气打断了。而且施虐者的愤怒似乎没有完全发泄出来，因为他这样说：

"如果你就这样喋喋不休地唠叨这事，我就到外面吃饭去了。"

施虐者完全否认自己有言语虐待行为，对伴侣隐藏自己的想法，阻塞两个人交流的渠道。伴侣很难理解，为什么自己说沙拉在冰箱里，就会让他以为自己让他吃沙拉。更糟的是自己越解释，他好像越愤怒，伴侣想知道他为什么发怒就更难了。当然，我们知道他发怒的原因，也知道他之所以越来越生气，是因为他本想发泄怒气，而不想受到指责，但受虐者的"你为什么生气？"让他的上述想法受到了威胁，因而他感觉可能要失去对伴侣的控制，所以会越来越愤怒。

在存在言语虐待现象的伴侣关系中，受虐者尽一切努力去建立和谐的家庭关系，力求相互理解，彼此支持，亲密无间，但她的一切努力都遭到了施虐者的抵制，因为在施虐者看来，这一切都是针对他的，都是对他的反抗，他要千方百计地压制。在施虐者的生活状态下，不存在夫妻之间的相互交流。双方不同的生活态度是这种伴侣关系的最大悲剧。

如果施虐者感到不能控制其伴侣，受虐者为了适应施虐者会有些不自觉的要求和行为。下面我举几个例子，来看看她们是如何做的。

1. 如果施虐者指责伴侣的工作没有价值，受虐者也不会怀疑施虐者的动机。她们可能认为是伴侣没有意识到工作对她们的重要性，所以才会说出这样的话，伴侣实际上是非常支持自己的，"只要我告诉了他，他就不会再否定我的工作了"。受虐者相信伴侣的生活态度和自己的一样，能够分享彼此的感受，也能够给对方以精神支持，所以她力求按照伴侣所说的去做。有趣的是，那些贬低伴侣工作价值的施虐者却经常在别人面前吹嘘自己的伴侣，好像在吹嘘自己的一份财产一样。

2. 即使施虐者反对伴侣的所有观点，伴侣仍然相信，他并不是不尊重自己。她认为只是双方的思维方式不同，所以他不能理解，也不能接受她坚持的这些观点。在这种情况下，受虐者会力求双方能够相互交流，并以和谐共处的生活态度去迎合施虐者的要求。

3.**如果施虐者对她大吼大叫，她可能认为自己错了。**她会觉得是自己做的什么事或说的什么话触怒了施虐者，使他感到受了伤害，才会让他如此生气。她可能还认为，施虐者不了解她说话或做事的真正含义，只要他了解了，就会知道她是爱他的，受伤的感觉会随之而去，愤怒也会烟消云散了。受虐者力求双方能够相互理解，并以这样的心理来迎合伴侣的要求。

4.**如果施虐者称他不知道伴侣在说什么，受虐者会认为他需要更多的解释。**她觉得可能是自己说得不够清楚，所以必须更加努力，给他更多的解释，让他能够更好地理解自己。她一直确信，她的伴侣正在尽自己最大的努力来理解她，她也确信，她和他处于同一种生活状态，能够共同行使权力。

5.**如果施虐者否认受虐者的感觉，她仍然会相信对方动机是好的。**受虐者有时会非常迷茫，可是她向施虐者倾诉时，对方告诉她，根本不该有那种感觉。受虐者可能认为，既然伴侣的动机是好的，是为了真正关心自己，那么一定是自己听错了，或者感觉不对——她认为对方和自己有同样的生活态度，就会相信对方不会有任何理由故意说她感觉错误。

6.**如果施虐者批评她的话没有依据，她也会认真考虑施虐者的批评。**她认为施虐者已经尽了最大努力，试图来理解她的想法，但是仍然没能理解，他感到很难过，才对她提出批评。受虐者认为只要自己把想法表达得更清楚一些，并学会了解伴侣的思想，就会解决这个问题。

7.**如果施虐者不喜欢交谈，她会想那是因为他很内敛。**施虐者对伴侣不闻不问时，受虐者会认为他非常腼腆，甚至有些自闭，但内心一定很愿意和她交流。因为在受虐者看来，相互交流是建立快乐伴侣关系的要素之一。她以这样的心理把施虐者的沉默解释为状态Ⅱ之下的行为。

8. 如果施虐者否认自己有过某次交谈，她会认为那是他记忆出现了偏差，或他人格分裂了。 被否认的交谈通常涉及一个非常棘手的问题，给双方都带来很大的烦恼。所以她相信伴侣是绝对记得的，要么是他的记忆力出现了问题，要么，更严重的，是他人格分裂了——这个结论是很恐怖的。她倾向于认为自己的伴侣发疯了，也意识不到他是在进行言语虐待。

受虐者认为施虐者和自己处于同一种生活状态，将施虐者的言语虐待行为解释为相互交流型生活状态下的行为，原因之一是她已经习惯了这样看待这个世界，习惯了用直接的因果关系解释万事万物。例如她可能相信："如果他对我大喊大叫，那一定有他的理由。"但是，人类的精神系统与其他事物不同，以一种完全不同的方式运作，今天发生的某件事，其原因可能追溯到很多年以前，甚至可能追溯到一个人的童年时期。对于言语虐待行为来说尤其如此，童年的经历对言语虐待行为产生了深刻的影响。

如果一个人没有言语虐待行为，在他对某件事感到难过时，会像大多数人一样与伴侣讨论这个问题。例如，他可能直接对伴侣说："在今天的聚会上，我看见你一直在和乔说话。我感觉你更愿意和乔在一起，而不是和我在一起，我觉得孤独，也对乔很嫉妒。我想知道你对乔的感觉，以及你是否可以多给我一点儿时间，让我们两个人一起在这个聚会上度过一段快乐的时光。"即使他觉得很难说清自己的感受，也意识不到心中的忌妒，他至少知道自己很不愉快，感觉需要与伴侣交谈，以此来缓和自己的情绪。

认识施虐者的生活状态，有助于受虐者对言语虐待形成正确的认识。当受虐者不再以简单的因果关系来看伴侣的虐待行为，她就有可能对言语虐待形成正确的认识："哦，原来他对我大声叫嚷是想控制我、恐吓我，而并非我说错了、做错了。"或者："他实际上是在贬低我，以此来满足他的权力欲，我不会接受这样的言语虐待。"

还有一个使受虐者不能对其伴侣的生活状态形成正确认识的原因是，受虐者认为伴侣和自己同处于状态 II。所以她总以为伴侣已经尽可能去理解她了，他发怒实在是因为自己太不善于表达，以至于让他那么努力都不能理解自己的意图，他真是应该生气。基于这些想法，她对施虐者的愤怒和不尊重等现象视而不见，也不清楚这些现象的本质，如果她认识到自己的生活状态与伴侣的不同，就能够认清言语虐待的本质。

很多受虐者会提出这样的问题："如果他大发雷霆，我怎样确定这与我没有关系？怎样才能知道不是我无意识地做了什么事，或说了什么话，从而激怒了他？"如果她们有这样的疑问，说明她们还没有形成状态 II 之下的那种自尊心。处于状态 II 之下、自尊心强的伴侣是不会有这样的问题的，因为她知道任何人如果没有正当理由，就不能对另一个人大喊大叫，声色俱厉。

很多受虐者在和伴侣生活了很多年后，才逐渐意识到他们处于不同的状态。此时她们虽然知道不和谐的家庭关系并不是自己的错，伴侣的言语虐待也是无理的，但这并不能减轻她们的痛苦。相反，当她们认识到问题的实质后，不仅仅是有了痛苦，还产生了恐惧感，因为她们意识到言语虐待毫无理性可言。对于没有理性的事物，我们都有一种恐惧感，暴力行为和言语虐待都是缺乏理性的，我们不知道它何时会发生，也不知道它会有多激烈。而言语虐待还是肉体虐待的前兆，它预示着肉体虐待即将发生，所以一定要认清言语虐待的实质。

◎ 应该有的基本权利

我们了解了不同类型的言语虐待，对施虐者的生活状态也有了清醒的认识。除此以外，我们还要了解个人在伴侣关系中应该拥有的基本权利，这对反抗言语虐待是必要的。我将这些基本权利列举如下：

💗 对方应该善待你。

💗 对方应该从情感上支持你。

💗 对方应该与你交流，应该对你的话作出礼貌的反应。

💗 你有权保留自己的观点，即使伴侣有不同的观点。

💗 你有权利相信自己的感觉和体验是真实的。

💗 对于那些冒犯了你的玩笑，你有权要求诚恳的道歉。

💗 如果你对自己很关心的事情有疑问，有权得到清楚、详细的回答。

💗 你不应该总是受到责备和指斥。

💗 你不应该总是受到批评，对方不应该对你评头论足。

💗 你有权谈论自己的工作和兴趣，且它们应该受到尊重。

💗 你有权保持自己高涨的情绪。

💗 你不应该受到情感或者肉体的虐待。

💗 对方无权对你大声叫嚷，发泄愤怒。

💗 对方不应该辱骂你，贬低你。

💗 对方应该征询你的意见，而不是命令你。

在与伴侣相处时，你需要有安全感、被尊重感，如果家庭中存在着友善和尊重，其他问题就可迎刃而解。但是，如果言语虐待问题和施虐者控制别人的那种内在需求得不到解决，家庭关系就很难得到彻底的改善。只有消除言语虐待行为，两个人才能开诚布公地讨论很多问题，比如希望、恐惧、愿望和预期目标等等。

我不相信处于不同生活状态中的两个人可以形成良好的伴侣关系，尽管他们以为可以。受虐者要对施虐者的生活状态有所认识，施虐者本人也要对自己的生活状态和行为有所认识，他必须逐渐习惯那种没有权力的感觉，才能形成良好的伴侣关系。

如果你认识到你和伴侣处于不同的生活状态，也知道他对你说的一些话构成了言语虐待，你还知道他之所以虐待是因为没有权力感造成的恐惧，你却仍然试图向他解释自己的意图和想法。我不认为这是一个好主意。这样做只会使你的处境更加恶化，你将受到更严重的言语虐待，因为他会将你的"解释"视为一种抵御行为，而抵御会受到更加激烈的攻击。

"那么我该怎么做？"你可能会很绝望地问。其实你可以采取很多措施改善你的生活。你可以采取一些步骤来保护自己，并且判断施虐者是否愿意改变，为建立相互交流、彼此亲密的关系而努力。如果你们的关系刚刚建立，可以选择立即离开你的伴侣。但是，如果你没有工作，还要抚养孩子，你感到害怕，缺乏自信，就需要时间来决断到底怎么做才适合。但这期间你不是要一味忍让，伴侣说的话，哪些可以接受，哪些不可以接受，你应该有一个判断，并将自己的意见告诉伴侣。在做出这些决定时，你必须依靠自己的感觉和判断能力。在长期的生活中，你已经逐渐习惯了伴侣强加给你的感觉，判断力也会受到影响，如果仍然没有自己的感觉和判断，你做出的决定是值得怀疑的。

为了完成这些步骤，你需要按自己的计划行事。在大多数情况下，如果能从相关专家、团体和朋友那里得到援助，会更有利于你完成计划。

你需要思考很多问题。在你们的伴侣关系中，哪些对你有用，哪些没用；你在情感上或者经济上要依赖什么，不依赖什么。你有许多要求没有得到满足，比如，你希望两个人之间能相互交流，相互体贴，相敬如宾，你希望得到尊重、同情并能相互理解。这些要求能够满足到什么程度，你要认真思考。

如果你考虑了以上问题，想改变现状，朝着这个目标前进，请务必注意，要实现这些是非常困难的，这对你来说是一个巨大的挑战。在你寻求改变的过程中，你可能面临这样一个局面：你们的关系根本没有任何改变。寻求改变是很重要的，但是这样做之前，最好先考察一下，你和伴侣是否能够建立起一种正常的夫妻关系。如果他是一个绝对的言语虐待者，当你设定目标，并试图改变时，他可能会加剧言语虐待的程度，以此来加强对你的控制。

你需要一段时间去认识言语虐待的现象和实质，认清伴侣的生活状态，那么他同样需要时间来认识你的生活状态，承认自己的所作所为。对此，你要有足够的耐心。但请一定牢记，不是所有的言语虐待者都会改变。毕竟，他们并没有经历过受虐者那样的遭遇，他们的生活没有痛苦，改变没有动力，改变的程度也难以达到伴侣的要求。而且，施虐者只有在愿意放弃自己原来的想法，不再否认自己的言语虐待时，才能开始改变。为了能够和伴侣建立一种相互理解的关系，不再施加言语虐待，施虐者同样需要付出很多努力。他以前总感觉自己没有权力，造成这种局面的因素有很多，如今，他需要克服所有这些因素，才能有所改变。

你不必接受伴侣的行为。你可以寻求朋友的支持，得到专家的指导，然后判断自己想要什么。之后，你可以设定目标，努力改变生活环境。但是，要完全认清在夫妻关系中发生的一切，以及言语虐待对你的影响，特别是程度比较严重的言语虐待的影响，你都需要时间。

什么样的言语虐待才算严重呢？如果一个受虐者经历了所有类型的言语虐待，她就算是受到了严重的言语虐待。另外，愤怒型言语虐待也是比较严重的。在和施虐者沟通时，没有任何征兆地，你突然感到非常痛苦，这也表明你受到了严重的言语虐待。在你与施虐者谈起他曾经怎样对你造成巨大伤害后，你感到他并不理解你，情绪也没有任何好转，这同样说明你受到了严重的言语虐待。受虐者痛苦的程度说明了她受伤的程度，也说明了言语虐待的程度。

言语虐待影响伴侣对自己的感觉和自尊心，但是她往往还不自知。我将在下一章谈及从言语虐待中恢复的问题。

如果你的伴侣关系中存在言语虐待问题，或者你怀疑自己受到了言语虐待，你可以采取以下这些步骤：

1. **去找一些顾问咨询，求得他们的支持。**找一个处理过言语虐待问题的专家，求得他的帮助。这个专家最好不要有让你不舒服的感觉，否则会影响你说明自己的问题。另外你还可以从其他人那里获取帮助，包括有相似经验的人以及其他领域的治疗专家，一些社会服务机构，还有你信任的朋友。

2. **要求伴侣和你一起去咨询。**告诉伴侣，为了有一个更加幸福、更令人满意的婚姻关系，你希望他和你一起去找专家，而且你要坚定地、清楚地说明这一点。如果他不愿意去，或者你无法说出自己的要求，那你只好一个人去了。但你寻找的顾问应该是可以信赖的，你要经常与之见面、咨询，你将从他那儿得到很多必要的支持，对言语虐待的认识也会越来越明朗。

3. **设定目标。**先做好判断，对施虐者的所作所为，你能接受哪些，不能接受哪些，然后把你的决定告诉伴侣。你可以通过设立确定的目标，并指出伴侣的每一个言语虐待行为，帮助伴侣注意到自己确有言语虐待行为的事实。

设定目标是非常艰难的一步，因为你根本不知道伴侣是否尊重你的目标。你不知道他会对此做何反应，他可能告诉你他会尽量配合你，也可能告诉你他会随心所欲。你也不知道他只是有一些不好的习惯，还是本性就是如此。设定目标要严肃、认真，这并不是要威胁施虐者，威胁在语言上表现为："如果你……我将……"而设定目标则是这样表述的："我不会接受……"可见威胁和设定目标有本质的区别，一定要注意不要偏离轨道。

你应该从个人权力角度出发，围绕着以自己为中心的精神生活来设定目标。你要自己决定哪些事会对你的精神造成伤害，哪些事又会让你精神焕发。

你必须知道自己想要什么。这就意味着，只有你自己来决定，哪些可以接受，哪些不能接受。这是我贯穿整本书的一个重要思想——个人要格外自尊。这种自尊对想摆脱言语虐待的你来说意义非凡，因为它来自以你自己为中心的精神生活。

你拥有了足够的自尊及自信，就可以设定目标了。设定目标只要简单地说"我不会接受……"即可，至于要填什么答案，取决于你的选择。你可以从前面我列举的十种言语虐待的形式中任选一种，设定你的第一个目标，例如你可以说："任何评论或贬低我、轻视我的玩笑，我都不会接受。"

对于受虐者来说，设立目标也并不容易，因为她必须放弃以前所有的处事方式。她在与施虐者共同生活的时候，经历了很多痛苦的事情，她一直用解释和顺从企图解决问题——总是向伴侣解释自己的真正想法，竭尽全力地理解他，也竭尽全力地使他理解自己；顺从施虐者的意思，试图去发现自己做错了什么。

除了自尊，设定目标需要的另一个条件是，对自己以及自己的感觉、能力保持充分的自信——如果你有这样的自信，当施虐者对你大喊大叫时，你应该反应如下：

即使他认为很有理由，你也不能接受。

♥ 即使他认为这只是一个玩笑，你也不能接受。

♥ 即使是因为他不理解你，你也不能接受。

♥ 即使他说是因为你的错，你也不能接受。

♥ 即使他说你都不清楚自己在谈什么，你也不能接受。

♥ 即使他说你在给自己找理由，你也不能接受。

♥ 即使他说你是泼妇，你也不能接受。

因为你有状态Ⅱ之下的自信，所以你知道自己不能接受别人的叫嚷；因为你有状态Ⅱ之下的自信，所以你知道自己根本不应该受到言语虐待。

4.活在当下，不要对过去念念不忘，或者对将来忧心忡忡。你要抓住现在，时时刻刻去注意伴侣对你的那些愤怒和蔑视。你注意到了，就可能有新的应对方式。过去，当你有坏情绪，比如感到难过、悲伤和沮丧时，你可能会告诉他你为什么会难过，你可能要求他不要再对你大喊大叫，你可能会请他在生气之前与你先交流。但是你发现了，过去所有的努力都是白费，伴侣并没有停止言语虐待。

你的目标是在受到侵犯时提出抗议。一旦目标确立，你就要注意施虐者的动向，当你感到他有言语虐待倾向的时候，马上喊停，不要让他继续下去，以此加强你的目标感。每一种类型的言语虐待都有一定的应对方法，这在下一章里我将会谈到。但坚定、命令式地大喊"不要再说了"，在任何时候都是有效的。

这种命令式的反应会给施虐者一个很清楚的信息：你想说的，就是你已经说出来的，不允许他再莫名其妙地指责，也不容忍任何言语虐待。如果你没有即刻喊停，听了他的话，就可能感到疑惑，就像我上面举的那个"鲜虾沙拉"例子中的受虐者一样。

要记住：如果你说了类似这样的话，比如"我的意思是……"对于施虐者来说，他会以为你站在了他的对立面，从而加大进攻力度，甚至恶人先告状，称你在攻击他。当然他没有正当理由，但是他会将你的任何解释都当作敌对的、抵御性的行为。

5.你可以随时离开虐待现场。我采访过的40位女士中有4人曾遭到伴侣的殴打，事实上，很多人都有快要挨打了的预感。大多数人经历过无数次呵斥，她们说："他虽没有打过我，但是我很害怕他发怒。"

你是一个自由的公民，不必强迫自己待在让你痛苦的地方。离开家时你要带上足够的钱，这样你就可以到你想去的任何地方。你要带上你的电话簿，在需要的时候给朋友们打电话。

如果你们出门在外，可能在一个聚会上或在餐馆里，或者在一个旅馆中，他对你表现出言语虐待——大喊大叫或者冷嘲热讽等等——你告诉他"不要再说了"，而他根本不理会，这时你可以离开。无论你和他待在哪里，只要你感觉不舒服，你都可以离开，这是你的权利，也是对自己负责的做法。

你可以通过这些方法主宰自己的生活，应对言语虐待的环境，摆脱对伤害的恐惧。

6.不喜欢的地方，你可以要求改变。建立亲密的伴侣关系需要双方的共同努力，要相互交流，彼此理解，对对方的要求做出适当的反应，同时还要在感情上支持对方。

设定目标是要求改善伴侣关系的方法之一，另外你还可以要求其他形式的改善。你可以要求伴侣和你一起讨论，以便采取措施。伴侣关系的改善包括协调以下这些问题：

- ♥ 你需要多长时间独处，你们需要多长时间共处。
- ♥ 每周都留出一定的时间来共同讨论你们关系中存在的问题。
- ♥ 一起为将来制订计划。
- ♥ 怎样共同管理财务。

◎ 可能面临的困难

当你们去参加一个聚会，而伴侣又在聚会上指责你，你可能会认为，在这种场合下和他讨论两人的问题难以开口，会让你有背叛伴侣的犯罪感。你甚至会觉得读一些有关言语虐待的书，都会伤害你们的伴侣关系。如果你已经习惯认为那些困难和痛苦是自己的错，那么有上述感觉也不足为奇。

你设定目标，力求改善伴侣关系，不接受他的言语虐待，在这个过程中你可能会觉得自己有些地方做得不对。例如施虐者说："你总是喜欢找麻烦。"或者说："你总是想挑起事端。"如果你习惯了接受这样的指责，就会觉得受到言语虐待都是自己的错，这样就会把事情搞得更糟。

在你反抗言语虐待的过程中，施虐者可能继续否认他的虐待行为。千万不要受施虐者的影响，你应该记住言语虐待者是如何看待他的伴侣和人际关系的——他认为自己一贯是正确的。你绝对不要怀疑自己的观念和感觉，这是非常重要的。你要保证清醒的头脑，自尊、自主地选择你的生活方式。

施虐者关于你的描述很多是不正确的，且很多言语都带有虐待倾向，意识到这一点，有助于你对伴侣如何以他的生活状态来解释你的行为形成正确的认识。想有效解决这个问题，一个方法是当伴侣指责你时，马上进行反驳："我知道我不是这样的。"下面是几个例子：

- ♥ 我知道我并非争强好胜。
- ♥ 我知道我并不是想挑起事端。
- ♥ 我知道我并不是太敏感。
- ♥ 我知道我并不是个泼妇。
- ♥ 我知道我并不自私。
- ♥ 我知道我没有对你评头论足。
- ♥ 我知道我不是攻击你。
- ♥ 我知道我不是总给自己找理由。
- ♥ 我知道我不是……

你可以把施虐者的任何指责填进去，你必须相信自己不是他所说的那个样子。

你可能遇到的另一个困难是，言语虐待发生时没有旁人在场，而施虐者又否认自己说过的话，这会影响你对言语虐待的认识。因为没有人看到你受到虐待，所以也没有人能够理解你的感受，缺乏认同的你可能认为自己做的有什么不对，因为施虐者时常这样告诉你。你也可能认为自己感觉错了，因为周围没有人对你说："嘿，那是言语虐待。"或者你会认为，他根本就不知道自己在做什么。

要记住，大多数犯罪是在隐蔽的场合中发生的，强奸犯实施强奸的时候没有其他人知道，言语虐待也是如此。施虐者明白自己实施言语虐待时的确无旁人在场，但他可能还不清楚怎么会这样。一个绝对的言语虐待者可能会极力否认自己有虐待行为，并且愤怒地指责伴侣，说她的观念错误，她才应该为那些虐待性言语负责。

如果施虐者总是否认，这种否认或多或少都会给他带来一定的心理问题。那些否认一切的施虐者，不愿讨论言语虐待问题，一直对伴侣怀有敌意，这意味着他很难有任何改变。承认言语虐待现象的存在，才有可能克服那些形成其控制欲与支配欲的因素。

受虐者面临的困难还有她很难接受自己竟是伴侣的主要施虐对象，而且还是唯一的施虐对象。这样的事实对她来说是痛苦的。她会问："他为什么要这样对我？"言语虐待形成的心理原因很复杂，这点我将在第十五章详细讨论，并列举一些心理现象和克服这种现象的方案。

了解施虐者的生活状态能够使受虐者真正清醒，并获得内心的平静。她还可以以此来判断施虐者是否有改变的想法，她可以和施虐者正面交锋，或者通过咨询来了解这一点。更重要的是，她会珍惜自己、接受自己，建立起状态 II 之下的那种自尊，也可以自主地选择一个更加令人愉快的环境。

"最值得我追求的是内心的平静。"贝拉说。

认清言语虐待的性质和本质，在感情上可能是痛苦的。接受这个事实会让受虐者失落——自己的幻想破灭了。但这种痛苦会慢慢过去，心灵的创伤总有一个愈合的过程。并且，这种痛苦和言语虐待带来的痛苦是不一样的，它没有后者那么大的破坏力。安曾说过：

我意识到我在不断地忘记曾经受到的伤害和经历的痛苦。在读了有关资料后我非常震惊，我知道自己开始表现出一个受虐者的特征——我感到很震惊。

科拉这样总结：

当你意识到你爱的男人对你怀有敌意时，那是一种难以置信的痛苦和伤心。

非常清楚的是，言语虐待对精神造成了很大伤害。要治愈精神创伤，首先就必须面对这样的事实，心灵的自由是通过战胜情感的痛苦和失落所获得的，这要求我们付出努力，如果不努力，不管在哪里，也不管在什么地方，我们都不会取得胜利。即使一棵植物，也知道寻找光源，将根系伸向最有营养的地方，要想从言语虐待的环境中解脱出来，也得这样。

最后，要注意，只有施虐者有强烈改良你们关系的心愿，才会有可能改变自己。仅仅通过你向对方传达或解释自己的感觉，并不能改变他。你只能自己设定目标，而后要求改变你们的关系。

受虐者知道伴侣生活在状态Ⅰ之下，也知道他不愿意也不可能改变，这意味着受虐者将失去很多东西。本来她一直幻想能得到体贴、关爱、认可，现在，这一切都破灭了。她必须自己做出判断，要不要离开这个环境，要怎样保护自己，如何才能焕发生活的希望，怎样才能建立以自己为中心的精神生活。

我采访的女士中，只有一位有意识地选择了与她原来的伴侣生活在一起。这位女士63岁，非常迷人、健谈。我摘取了采访的一部分：

"我与一位言语虐待者成了夫妻。"

"你与他结婚多长时间？"

"42 年了。"

"你什么时候意识到自己受到言语虐待？"

"在婚后的 30 多年，我才意识到这个问题。"

"你打算一直维持你们的关系？"

"是的，但我知道我选择了最艰难的一条路。"

第十二章

极其有效的反应

> 我已经习惯了听对方那样说我，但很快，我听不到对方那样的话了。你知道我是什么意思吗？
>
> ——一个受虐者

在第八章我们了解了各种类型的言语虐待，那么针对每一种虐待，受虐者该有什么样的反应呢？其实，无论是哪种反应，都是在实施已经设定的目标。例如，如果你的目标是"我不能忍受对方对我大喊大叫"，那么你的反应就是告诉他"闭嘴"。

如果你遭受过言语虐待，你也许会急匆匆地往下读，迫切想知道到底该如何应对。但是，为了使你的反应取得更显著的效果，我建议你按顺序读下去，有些准备是必需的，比如确立个人空间、成功的可能性分析和对言语虐待做出反应的综合指南等。在对付言语虐待时，你的某些反应可能会极其有效，其中的原因你应该深入思考，当你越了解这些原因，就越能够有效实施计划。

设定了追求目标，你就给自己确立了不可侵犯的个人空间，它有助于保护你作为一个个体的完整性，也有助于显示你的个性。从一定程度上说，所有的言语虐待都侵犯了你的个人空间，你应该马上对这种侵犯做出反应，这非常重要。对侵犯行为做出适度的反应，就是实施你确立的目标，重建自己的个人空间。下面是几个例子，它们说明了言语虐待是怎样侵犯你的个人空间的。

如果你的伴侣完全忽视你，当你是团空气，这就是在侵犯你的个人空间。因为他完全无视你作为个体的存在，就好像在舞台上，你完全与背景融合在一起，不会引起任何人的注意。这种行为就是一种侵犯。个人空间受到侵犯就是遭受到了言语虐待。

如果一个人用命令的口吻让你去做一件事，你能说出这是在怎样侵犯你的个人空间吗？每个人都有自己独立的人格，而在他眼中，你能够被他任意指使，几乎没有人格，也没有个人空间——你的空间都是他的。他不征求你的意见，也不询问你的想法，就好像你是他权力范围内的实施自己意愿的工具。这种做法是对你个人空间和人格的双重侵犯。

施虐者否认自己的言语虐待也是对你个人空间的侵犯。他宣称只有他才了解你的实际经历，好像他是你肚子里的蛔虫，比你更了解你自己。你的经历被否定或者被"改写"，就表明个人空间遭到了侵犯。

那么，想要知道该如何对言语虐待做出恰当的反应，就要重建或者确认你的个人空间。

言语虐待是一种违背别人意志的行为，它和冲突截然不同。在冲突事件中，每个参与者的要求都是不同的，要想解决一场冲突，他们就必须一起讨论各自的需求和引起这场冲突的原因，共同寻找一个解决的办法。这个办法可能找得到，也可能找不到，但不管怎样，没有人可以强迫、支配或控制另一个人。

如果我们从侵犯个人空间的角度讨论言语虐待，我们可以把它描述为，一个人为了追求过多的权力、高人一等的地位和对别人的控制，通过公开或隐蔽的方式，侵犯另一个人的个人空间，蔑视他的人格。

想要对言语虐待做出恰当的反应，还应正确评估自己的伴侣关系。你们的关系在什么状况下才有可能得到改善呢？下面我列举了一些问题，这些问题将帮助你评价自己的伴侣关系的性质：

- ❤ 他使你的生活丰富多彩吗？
- ❤ 他能给你带来欢乐吗？
- ❤ 你觉得能和他真正地交流吗？
- ❤ 你们能够用同一种方式思考吗？你们可以分享彼此的梦想吗？
- ❤ 他对你友善吗？

在伴侣关系中，友善指的是温柔和诚实，是一个人内心世界的真实流露。只有当他真正关心另一个人是否幸福，或者有强烈的愿望去理解她时，才会表露出友善。友善表明他在向对方靠近，他希望相互理解，相互尊重。

尽管你可能经历了一些言语虐待，但只要伴侣仍然对你友善，你就可以大胆地对上述问题说"是"，因为这说明他只是有一些"过失行为"。这意味着，当你实施自己设定的目标时，他可能不会顽固地坚持，而会配合你的要求。

如果你才初婚，而伴侣就流露出了言语虐待的迹象，那么，尽快结束关系是明智之举。一个想要控制和支配别人的人，他需要替自己找一个替罪羊，想让他改变几乎是不可能的，尤其是你们才刚刚建立了一个新的关系，许多问题还没有显现出来，当新鲜感过去后，他的言语虐待现象会更加严重。当然也可能出现另一种情况，那就是他不想重复过去的错误，所以当他获知你已经发现他的言语虐待行为，并确定你不能容忍时，有可能改正过来。

经历过言语虐待的人知道，想通过更多的解释和更多的理解来改善伴侣关系没有任何意义。所以，你必须采取新的应对措施——一种会对伴侣的情感、心理和智力产生影响的措施。

施虐者发现以下现象时，有可能改变自己的行为：你能很快感觉到是否受到言语虐待；你已经开始实施你设定的目标；你清楚地表达了自己的意思；你不理睬那些你不喜欢的行为。此时即使他嘴上仍说"你不知道自己在说什么"，但他的心境可能已经改变。

如果你的行为达不到让施虐者改变的效果，也请不要责备自己。既然他不会改变，也不能改变，你唯一能做的，也是你唯一该做的，就是结束你们的关系。

我建议在寻求改善的开始，就要坦白地告诉伴侣，你不会再像以前那样迁就他的行为。如果你觉得说不出口，就写信告诉他。你要告诉他，你希望和他建立真正融洽的伴侣关系；希望你们在相互交流方面能够有所改进；你曾经努力向他说明他的某些行为给你带来了烦恼，但是你感觉不到自己的努力有任何进展。你一定要让他知道，在这段关系中，你想要什么，不想要什么，你还拥有什么——你有自己的私人空间，这个空间是与生俱有的，不允许任何人侵犯，他一旦有所冒犯，你一定要立即阻止。

他可能认为任何改变都是没必要的，如果他真是这样认为的话，那么说明他没有遭受过言语虐待的痛苦。他可能说："你没事找事。"或者说："你在试图破坏我们的关系。"如果他真的这样说，那么你可以告诉他："闭嘴。不要继续指责我了。"

他可能否认自己的言语虐待行为，或者对这些行为视而不见，但是你可以用你的方式和措施对他施加影响，促使他认清这样一个事实：他的行为不合适，你不会接受。有些施虐者在遇到伴侣强有力的抵制后，可能会改变其行为，当然，也有一些人会拒绝改变。

如果你的伴侣仍然对你恶语相向，这不是你的错，也不是你的责任。通过采取这些措施，一旦言语虐待发生，你就能够意识到它的存在，并做出适当的反应，这已经很不简单了。

施虐者对你恶语相向时，如果你让他"闭嘴"后，依然觉得备受打击，非常痛苦，极度迷茫，那么你的伴侣关系就不是一般的不融洽了，你可能处于一个极端不健康的家庭关系之中。此时你一定要去寻求朋友或专家的支持，如果你不知道如何开始，可以按照我第十三章的建议去做。

要对施虐者的言语虐待做出有力的还击，除了要了解对方是如何侵犯你的个人空间、什么时候侵犯了你的个人空间，还应该清楚一点，即言语虐待可能是情感不成熟的标志。正因为没有意识到这一点，所以在伴侣有时像个孩子似的大发脾气、大喊大叫时，你可能仍会像对待一个理智的成年人那样对待他。在他无端辱骂你时，你可能会想："我做了什么事情使他这样对我？"而实际上，这些根本与你无关。

但是，我们对待孩子会比较宽容，因为他需要时间去成长、成熟，所以我们不会因为他的乱发脾气、出口伤人而愤怒。如果一个成年人仍然高声谩骂，这不仅会使我们感到难过，也会让我们恐惧，因为这是危险的。

对抗行为是不成熟的另一个表现。例如，一个四岁的孩子，他对周围的一切充满了好奇心，正在学习如何生活。他以自己的眼光看世界，而在他眼中世界是固定的、不变的。但是成年人应该知道，这个世界不是单一的，是复杂的，不是平面的，是立体的；有多少个人，就可能有多少种不同的观点。

在成长过程中，我们不仅学会了如何尊重别人，还学会了怎样采取适当的方式表达我们的愤怒。在大多数情况下，我们从父母那里学到表达愤怒的方式，不管是有意识还是无意识，父母都给我们做了启蒙。当我们慢慢长大，也就慢慢学会了怎样采取适当的方式表达愤怒。言语虐待者动辄发怒，原因可能就是他丧失了这个重要的学习阶段。

当然，不是所有的愤怒都是言语虐待，都具有破坏性，都是恶意的指责和责备，但是当愤怒带有言语虐待的倾向，就具有了破坏性和伤害性。愤怒可以通过某种健康的方式表达出来，例如，当伴侣受到言语虐待时，她会非常气愤，会让施虐者"闭嘴"，这就是健康的表达，是一种自我保护，它与恶意指责和无端责备是根本不同的。产生不良影响的指责和责备，都属于言语虐待。对受虐者来讲，她要长期受这样的指责，你可以想象她会感到多么迷茫和痛苦。

如果你感到受到打击、震惊或者过于悲痛，而伴侣似乎也控制不住自己的怒火，你对他感到恐惧，受到他的威胁和伤害，甚至被殴打过，那么，你不应该独立处理这些虐待行为，必须向周围健康的人进行咨询。

对言语虐待做出的反应，一定要坚决而强烈，这样才能产生效果。做到这点并不容易，你不能被他的文字游戏所迷惑，要记住，你是在为自己的精神、心态和灵魂而战。

不知所措会让你很难去思考下面该说些什么。其实，当面对一个陌生的言语虐待者时，比如一个开着车从你身旁经过的司机突然对你破口大骂，你可能会很容易保持冷静，但是当你面对自己的伴侣时，你更容易感到不知所措。原因有很多，其中之一是你总是对他敞开心扉，因此他有权力排斥你——言语虐待是一种排斥，这是非常令人痛苦的。

最后我还要提醒你，不要欺骗自己，认为不管伴侣怎样对你，你都可以保持内心的平静。一个人内心的平静来自对自己一些基本权利的认识，只有你意识到自己有权拥有一个良好的环境，有权维护自己的个人空间，你的内心才可能获得真正的平静。

如果你希望对言语虐待做出更有力的回应，那么在实施书中的建议前，我建议你先读完全书，再罗列你应做出的反应。你对言语虐待和施虐者的个性了解得越多，做出的回应就会越有力，取得的效果也会越明显。

行动之前可以在朋友或者顾问那里分角色进行演练。你可以让朋友对你大声说出第八章所列举的施虐者的言语，然后你对每一种不同的语句做出恰当的回应。如果找不到人和你一起练习，你可以一个人扮演两个角色。在面前放一张空椅子，想象施虐者就坐在椅子上，和你面对面。练习时你要尽可能大声说话，这样才能取得好效果。这种练习可以让你融入自己曾经经历的那种言语虐待的环境中去。

除了分角色练习，时常回顾第八章所列举的那些言语虐待的种类也是很重要的。你可以看一看，在自己的日常生活中，是否每一种类型的言语虐待都能找到一两个例子。于是你再次听到这些话时，就可以有崭新的认识并做出恰当的反应了。

◎ 需要注意的问题

- ♥ 要知道，当伴侣有贬低你、命令你或者大喊大叫等行为时，你受到了言语虐待。你要时刻记得，言语虐待是不公正的，是具有破坏性的，它会损害你的能力和精神。

- ♥ 要记住，施虐者说话时是不理智、不成熟的。

- ♥ 要知道，你要面对的那个人正试图控制你、支配你，企图高高在上。

💜 要知道，你并没有做错什么事触犯他的底线。

💜 要知道，生活在存在言语虐待现象的伴侣关系中不利于身心健康。

💜 通过观察施虐者，你会发现他的不成熟，从而拉开与他的距离。

💜 对施虐者做出反应的时候，要以坚决、命令式的语气来表达，表示你很在意这件事，很严肃，很认真，绝对不能再忍受任何形式的言语虐待。

💜 要牢牢把握好现在，注意自己的感觉传递的信息。你感觉怎样？他听了你的话感觉怎样？你看到了什么？

当你对言语虐待做出反应时，坚决、清楚地说明你的观点很重要，不管站着或坐着，都要挺直腰杆，高昂起头，直视着施虐者的眼睛。你要深呼吸，挺起你的胸膛。

学会面对言语虐待，并对它做出反应，这需要花费时间和精力，需要付出努力与执着，需要做出选择和牺牲。即使施虐者的言语虐待行为稍稍有所收敛，即使他不再贬损你，不再吼骂你，但要达到建立良好的伴侣关系，你们之间仍然有很多因素要去克服。如果他愿意改变，愿意对你表示善意，愿意和你共同努力；或者承认了曾经的言语虐待行为，并征询你的意见，开始考虑你内心的真正需要，具备了以上条件，你们之间就可以建立良好的伴侣关系了。

你希望你的努力多长时间会见效，从而不再有言语虐待现象发生呢？这很大程度上取决于你的伴侣。你自己单方面的做法并不能完全奏效，例如你不能让他不再对你大喊大叫，即使你告诉他"别再说了"，也不一定起作用，假如他认为你触怒了他，结果将很难预料。如果他不想改变，当然他就不会改变。一般情况下，在一两个月之内，你就会搞清楚他是否在变化——或停止对你实施言语虐待，或我行我素。如果他非常关心你和你们的幸福，想和你一起建立健康的家庭关系，那你在第一个星期内就能看到效果。

对每一种类型的言语虐待都应该有不同的反应，我把我的建议列举在下面。你不必将它们背下来，你只需用自己的话表达出相同的意思即可。

◎ 面对各种言语虐待时

如果你处于一个非常艰难的环境中，想对言语虐待做出快速的反应，不妨试试这招，对他说："马上闭嘴，不要再说了。"

1.面对压抑型言语虐待时

言语型虐待有时表现为一种有意识的沉默，前面也论述过这种状态侵犯了你的个人空间。你的生活中可能有这样的情景，你和伴侣坐在一起，可是当你偶尔打破沉默，问个问题，说说今天的新闻，或者讲述你的兴趣，而他一点儿反应也没有。你不需要再继续待在这种尴尬的环境中了。不管是出去吃晚饭，待在家里，或者在海边度假，只要你的伴侣几个小时，甚至几天顽固地沉默着，无论任何时候、任何形式，你完全可以选择离开，而且离开之前，你要坚决、清晰、实事求是地说："我感觉和你在一起很无聊。"

只要你想走，就走好了，这样做可能会产生一些影响，也可能产生不了任何影响，但是至少你不会感到无聊。你去找本书看，或者带着孩子出去，总比坐在那里傻等着施虐者的反应好。你没有必要忍受这种压抑的沉默，起码可以做到少一些无聊，少一些痛苦。

你还可以选一首自己喜欢的歌，戴上耳机，然后坐在餐桌旁吃饭。

你可以随着只有自己能听到的音乐手舞足蹈、小声哼唱，这种行为通常会对伴侣产生影响，他可能会凑过来找你讲话。

2.面对对抗型言语虐待时

如果你的伴侣总对你的想法、感觉和观念提出异议，或者干脆全部驳倒，无论哪种情况，你都可以用命令式的、坚定的语气告诉他："闭嘴。"配合的身体姿势是向前伸出手臂，与身体成直角，手掌打开，直立，掌心向着他，就像交警的动作一样。说完后，你可以要求他"请看着我"，然后，再重复前面已经说过的话，记住，要说得缓慢而清晰。

不要去解释你说的话，因为一个对抗者会始终对你的解释有疑义，你每次重复这个过程，都会遭到驳斥（记住，你有权保留自己的想法和观点）。如果你每次都能注意到对方的对抗情绪，并及时阻止，就可从一定程度上改变他的行为，使之不再与你对抗。

你表达了自己的某种观点，他说："哦，我不那么认为。"这样的话还算不错，他不是在驳斥你，只是在表达自己对这件事的看法。

在第八章中我举了一个关于灯罩的例子，当受虐者重复施虐者的观点时，施虐者就否定自己的观点。如果这种类似的情况发生在你身上，不要再试图重复他的第二个观点，你要坚信你起初的理解是正确的，他在驳斥你，因为他不想使你们互相理解。你可以说："别说了！我没听懂你的意思，你能把你想说的写下来吗？"或者说："闭嘴！不要驳斥我。"

如果他拒绝这样做，你根本无须再试图去理解他想说什么，不要把他的话当回事。试图去理解一个对抗型的言语虐待者表达的意思，只会让你感到困惑和沮丧。

对付对抗型言语虐待者的另一个方式，是要让他知道他侮辱了你，这在大多数场合下是有效的。你用平静、缓慢、清晰的语言将这样的意思表达出来——你的话是不容置疑的，让他为自己所说的话负责，而你有权保留你的意见、你的理解。

有时施虐者的对抗表现为一种挑战。比如你们看了一场演出，你说："我认为这场演出不错。"他反驳道："你并不能证明这一点。"这时你要做出的反应很简单，仅仅是说"是的"就可以了。然后你要离开他，去散步、吃饭、访问朋友，或者去图书馆，或者逛逛商场，或者带孩子去公园。

你有权保留自己的观点、意见和看法。每个人的观点都与他观察事物的方式、经历和信仰等有关，地球上有多少人，就会有多少种不同的看法。当别人告诉你，你的观点是错误的，就好像是这些人侵入你的身体和头脑，然后否认你的经历。对抗型的言语虐待实则是对你个人空间的侵犯。

3.面对贬损型言语虐待时

贬损型言语虐待非常棘手，怎样对这种类型的言语虐待做出反应呢？这种类型的言语虐待很容易对人造成伤害，施虐者伤害你、贬低你往往就在一瞬间完成。你试图反驳，问他"你为什么这样说？"或者"这不是真的"，或者"我感觉很糟糕，这不太妙"。你的伴侣会在这时告诉你，你的感觉并不重要，没有任何价值，"你的结论太草率了。"他会这样贬低你的感觉，或者说："你的判断毫无根据。"这是对你个人空间的极大侵犯，他似乎想将你脑中的所有经历全部清除，而用自己的想法来填满。

不要试图去弄懂他怎么理解你想的或者你说的，不要指望让他明白你下的结论并不轻率，你做的判断也是有理有据。所以你不要用"你为什么这样说？"来反驳。他对你的贬损一定会让你很不舒服，你应该表现出发自内心的愤怒，并毅然决然地说："你不要再说了。"或者说："闭嘴，我不想听你这样说话。"或者干脆说："闭嘴！"

对一个绝对的言语虐待者实施这些措施，可能会遭到他的抵制，但不管如何，它会让施虐者在贬损你的思想、精神时变得不那么轻松。任何时候，只要你遇到了言语虐待，感到不能接受，你都可以运用这些方法。

有时候施虐者会说："你不知道自己在说什么。"这样的话会让你感到迷茫，而不是愤怒。这时你要做出有力的回应，最好表现得好像你又有了什么新发现一样。你要在空中挥舞着胳膊，并大叫："啊哈，那只是你的想法。"你说话时要多用"你"字。如果他说："是的。"你不用多说话，只要意味深长地说："我明白了。"

施虐者想要逃避责任，而你的这种反应是在告诉他要为自己的行为负责，并且你还要让他知道，他的想法并非你的想法。

4.面对掩盖型言语虐待时

当你的伴侣贬低你时，你可能告诉他，你不喜欢他说的话，这时他可能会说那只是一个"玩笑"，或者干脆捧腹大笑，好像那真是一个笑话。他的行为使你受到了言语虐待，只不过用了玩笑的幌子掩盖罢了。为了能对这种虐待做出更好的反应，了解他为什么这样做是必须的：他之所以贬低你，是因为想抬高他自己（这又表明了他也有理性和成熟的一面）。

当受虐者告诉施虐者不喜欢他说的话时，施虐者会把这当作是对他的攻击，他不仅不道歉，不同情，反而会进一步贬低她："你没有幽默感。"

受虐者一定要意识到这也是对你个人空间的侵犯——还说你没有幽默感？！这时候，你不要试图向他解释什么样的玩笑才可笑、才具有幽默感；不要解释你为什么认为他开的玩笑不可笑，并希望他不会有下次；不要问他到底是什么意思、为什么这样说——不要浪费时间去思考他是否能理解这给自己带来的影响，也不要浪费时间去思考你为什么感到它不好笑。你应该确信，在这个问题上他很成熟，不存在误解的问题。

当你受到贬抑、藐视、诋毁或嘲弄的时候，你可以这样反驳："我表示怀疑，你这样贬低我、嘲笑我，你觉得这有意思吗？我希望你考虑一下。"然后告诉他，你要出去一会儿，然后离开。在任何情况下用这个方法，都会取得显著的效果。记得千万不要和他继续探讨下去，如果他想纠缠，你可以说："我不想再谈论这个话题了。"或者告诉他："我一会儿回来。"

5.面对阻碍和转移型言语虐待时

你要时刻关注自己的感受。你就自己关心的问题询问伴侣，或者想告诉他你认为非常重要的一件事，如果他的反应使你感到沮丧，那么你一定遭遇了阻碍和转移型言语虐待。

你有权处理自己的事情，所以在你想得到一些你需要的信息时，施虐者却推三阻四，拒绝跟你说，这种行为也侵犯了你的个人空间。他以一种隐蔽的方式阻止你了解想知道的事情，就好像你根本没有这些权利。这是对你人格尊严的侵犯。

当伴侣对你的问话顾左右而言他，或者想岔开话题时，你不要受他的影响，你的反应应该是冲破障碍，对他说："看着我。"然后你要重复你的问题和意见。例如：

"那5000元钱做什么用了？"

"我需要把自己的开支都分类记录吗？你是想告诉我这些吗？但你不要忘了，你已经透支了。"

"看着我！那5000元做什么用了？"

"如果你不愿意让我来记账，从现在起你去交税好了，我把这个问题交给你。"

"看着我！那5000元做什么用了？"

你要不断重复你的问题，直到他有所反应。你要把注意力集中在自己的感觉上——即你渴望知道什么，而不要被他的话左右。如果你能够坚持要求他回答问题，他可能是直接回答，也可能是告诉你他将不予回答，但都构不成谈话的障碍或者转移话题。

还有一种更干脆的话是："不要转移话题！"

6.面对指责型言语虐待时

如果一个受虐者想离开自己的配偶，那么就需对指责和责备型的言语虐待予以更多注意，并且做出反应。之所以这么重要，是因为了解这种类型的言语虐待，可以将受虐者从痛苦中解救出来——如果施虐者仍不停止虐待行为，伴侣可以离开他。而如果不认清这一点，受虐者可能会继续维持他们的夫妻关系，因为她仍然相信自己可以向伴侣解释清楚，她并没有做伴侣指责她做的事。受虐者希望伴侣理解她，明白她并非敌人。

如果你经历了言语虐待，那么，毫无疑问，你一定被指责过。

施虐者咬牙切齿地对你大喊大叫，还指责你的行为，控告你有很多恶劣行径。此时你可以这样回应：

"不要指责我，闭嘴。"

"不要让我再听到你这样说。"

"记住你在和谁说话！"

"不要这样对我说话。"

"我要你知道，最好不这样说。"

你不要做过多的解释，只说一句话，要他"闭嘴"即可。虐待的语言几乎都是谎言，施虐者告诉你的有很多是虚假的。事实上，他侵入了你的头脑，对你做事的动机和目的胡编乱造，然后再把他编造的故事告诉你——没人有权这么做。

一般来说，指责型言语虐待会使受虐者感到被误解，情绪沮丧，所以特别希望解释自己的意图。可是即使她真的不断解释，言语虐待也会继续下去。

请记住一点：如果一个人向你的窗子扔石头，你应该告诉他不要再这样做，而不是告诉他为什么不可以这样做。指责型言语虐待就像对你的窗子扔石头一样。

7.面对评价和批评型言语虐待时

评价和批评型言语虐待往往是对一个人的品格和能力方面的攻击，这会沉重打击一个人的自尊。施虐者可能会对你说："你是一个很糟糕的司机。"这时你应该问问自己："谁有权力来批评我？谁才是我的评价者？谁可以对我做出正确的评判？"不是司法法庭，也不是上帝，而是自己，自己应该对自己负责。

没有人有权对你的品格和能力说三道四，这是对你个人空间的一种侵犯——对别人的冒昧就是一种侵略行为。对付这种类型的言语虐待，我们说话的时候应该有力、坚定，尽可能用强调和命令式的语气，让对方看出你的能量和愤怒：

"你自己听到过这样的话吗？"

"不要对我评头论足！"

"够了！"

"这是胡说。"

"你这么说自己吧。"

"管好你自己的事情。"

"我不关心这个问题。"

你说完这些后，离开他。只要有可能，你就不要和他待在一起，不要和他继续讨论，进一步讨论会影响效果。

8.面对浅薄琐碎型言语虐待时

浅薄琐碎型言语虐待主要是不重视你的工作、努力、兴趣和你关心的事情，这种言语虐待是非常隐蔽的，而且假装单纯。施虐者会告诉你，你认为很有意义的事情实际没有任何意义，也没有任何价值。他努力贬低你生活中一切有意义和有价值的事情，以此来侵犯你的个人空间，侵入你的灵魂。

你可以这样来对付他：

"你这样说，我实在不能忍受。"

"我不想听你这样说。"

"我不想听你说什么了。"

9.面对暗中破坏型言语虐待时

暗中破坏型言语虐待是恶毒的、隐蔽的，你最好这样应对他：

"我不喜欢你的态度。"

"这对我来说是一种打击。"

"闭嘴！"

"我觉得你这样说一点儿也不好笑。"

当受虐者不小心伤害了自己，施虐者有时会嘲笑她。例如她掉到泥潭里，或者不小心洒了汤，施虐者会马上欢呼雀跃。

这种言语虐待可能会打击受虐者的自尊，也表现出施虐者有虐待狂倾向。它违背了伴侣的生活准则，也侵犯了她的个人空间，但施虐者却说："我的行为不仅没有造成伤害，反而带来了无限的乐趣，你们看，我在笑。"

10.面对威胁型言语虐待时

如果你受到伴侣的恐吓，或者将要受到肉体上的伤害（包括性骚扰——不管已婚还是未婚），或者你处在一种受到武力威胁的环境中，或者你感到自己和家庭的幸福受到威胁，那么尽可能寻求支持和帮助，这对你来说是非常重要的。

如果你只是受到言语威胁，那是你的伴侣在试图操纵你。当他得不到他想要的东西时，他就可能会用各种方式来威胁你，比如说他要离开你；他要夜不归宿；他要拒绝你以后的请求，等等。这些"随时可能出现的威胁"打破了伴侣内心的宁静，侵犯了她的个人空间。

要对施虐者的这种行为做出清楚而平静的反应："请不要用这些威

胁打扰我。"或者："不要恐吓我。"或者："我不想听这些了。"或者：
"我想一个人待着。"

11.面对辱骂型言语虐待时

辱骂是人生气时的行为，是一种言语虐待，你应该愤怒地回击。

"闭嘴！永远不要再骂我！"

"我不想再听到有人骂我！"

你应该明白，没有人可以因为任何理由骂你。任何时候，骂人都
是该被谴责的。当伴侣的辱骂成为习惯时，要记住，你可以摆脱这种
生活，摆脱受虐待的处境——很多人做到了这一点。那些喜欢辱骂伴
侣的人很可能从小没有一个健康的成长环境，他还没有学会怎样去爱
别人。

12.面对命令型言语虐待时

当施虐者命令你做什么事情时，他好像根本忘记了你是一个独立
的人，你有生命、自由和追求幸福的权利，如果他想从你这里得到什
么，他需要礼貌地提出请求——这一切他好像都忘了。你应该让他有所
顾忌，你可以说："你对谁发号施令？"或者："你听过这样说话的吗？"
或者："你说个请字不更好吗？"或者："我不会服从你的命令。"

如果他命令你去做什么，开头却用"我们"，例如，"我们现在马
上走。"你可以用下面的回答让他意识到他侵犯了你的个人空间："我可
没这么想。"

13.面对健忘型或矢口否认型言语虐待时

如果对方是个健忘型或矢口否认型的言语虐待者，你一定不能轻易地相信他，否则你将难以做出恰当的反应，并且可能陷入一个怪圈里，不断试图向他解释自己如何受到伤害，如何受到惊吓。可能你认为自己可以说服伴侣，可以向他解释清楚你在说什么，但实际上，这是不可能的。

当配偶非常愤怒地否认自己有言语虐待行为时，你的解释可能又是另一种情形。如果对他的行为没有正确的认识，他越愤怒，你可能越想向他解释，以为这样就可以消除他的怒气。实际上这只会助长对方的愤怒，这就是"解释怪圈"。

施虐者总说是受虐者使他们愤怒，受虐者通常也相信自己在某种程度上触怒了伴侣，她认为中间肯定产生了误解，或者自己说错了什么。她还认为如果施虐者能理解自己的真正意图，就不会再生气了，双方就会其乐融融。

受虐者还可能陷入另一个怪圈。她可能不断地试图克服自己受伤害的感觉，并下定决心，不管发生什么事都要努力不受干扰。

否认言语虐待的行为中，最具欺骗性的是健忘。要注意，健忘是否认型言语虐待的形式之一，这种类型的施虐者总是以"记性不好"为由，推卸掉自己所有的责任。"我不记得说过这句话。"此时的受害者恨不能有证人来证明自己的经历。

如果你告诉他，他的话让你很难过，而他则否认自己说过类似的话，说那是你编造的，这时你该如何应对呢？最重要的一点，不要给他否认的机会，只要你听到自己不喜欢的话，就要马上做出回应，非常坚定地让他"闭嘴"。

为了不被施虐者的否认所迷惑，你要将注意力集中在自己的感觉上。不要老去考虑他是怎么想的，有怎样的感觉，也不要长久地去想象他是否能理解你，更不要花费时间去思考他是否喜欢你的反应。只要你感觉不舒服就即刻做出反应，让他知道你希望他立刻停止这种言语虐待。你可以说："我不相信你。我不希望这种事情再次发生。"

14.面对愤怒型言语虐待时

当阅读这一部分建议时，如果你感到自己有些害怕，不敢按照我建议的方式去做，那么你可能是与一个愤怒成瘾的人生活在一起。如果真是这样，你必须尊重自己的感觉，要重视这一章开头部分的提示。

在言语虐待中，愤怒是一种重要的因素，它和施虐者的很多需求是紧密相连的，比如控制欲、支配欲，喜欢高人一等、喜欢贬低对方的感觉等等。

我采访过的受虐者几乎都害怕这种类型的言语虐待，那么受虐者该如何应对呢？

和一个愤怒的人打交道，最好的方式是离他远远的。但是，如果你的伴侣对你咬牙切齿，对你大吼大叫，那么应对这种情况，你需要有自己的策略。这种策略要对他产生影响，刺激他发生一些改变；如果有必要摆脱这种伴侣关系，这种策略还能给你一段时间，为摆脱这种关系做准备。

当你的伴侣对你大吼大叫、声色俱厉时，那种震惊可能会让你不能及时做出反应。此时，你可以离他远一点儿。同时要记住，这时不要认为他是你的丈夫、是孩子的父亲，也不要认为他是你的朋友、伴侣、至亲，你要把他看成一个正在使性子、发脾气、顽固、强词夺理的孩子。如果下次他发作的时候，你的脑子里能第一反应出这些，就能够及时做出回应："你不要对我用大吼大叫。"或者说："我不喜欢这种语调。"你还可以快速地说："闭嘴！做一下深呼吸后再好好说话。"

当施虐者很生气时，他可能会在朋友面前也对你恶语相向，但是他可能会以一种非常特殊的方式来表达，使别人意识不到，而只有你才能感觉到。此时如果你直接大声揭穿他的诡计，别人可能认为你"失控了"，或者认为你在编造什么。所以这时你最好这样应对他，你可以说："尽管这里没有人知道发生了什么事，但我不喜欢与你待在一起。"

很多受虐者发现对付愤怒型言语虐待特别难，这不仅因为这些愤怒是不期而至的，还因为施虐者的话会吸引伴侣的注意力，使其大惑不解："他在想什么？他是什么意思？"受虐者全神贯注地去分析、理解这些问题，从而无法思考该怎么应对。

所以，对付愤怒型言语虐待的关键是不要去注意施虐者在说些什么。你肯定受到了言语虐待，你只要相信自己的这种感觉就好，不用再对他的话进行任何分析和理解。

也许你像大多数受虐者一样，认为应对言语虐待很棘手，就要对施虐者愤怒的迹象保持警惕。只要你听到施虐者语气中带有愤怒，就马上要他"闭嘴"，然后离开这里。如果是在通电话，马上挂断；如果是在当面沟通，看到他的表情僵硬、紧张，即可判断他即将发怒，就可以马上说"闭嘴"，或者离开。

这些方式可以帮助你取得一些成效，避免受到言语虐待。总之，在愤怒前离开，施虐者的言语就无法影响你，你就能够更快、更清楚地做出反应。

你不能改变任何人。如果你的伴侣有言语虐待倾向，又不愿意改变，你必须面对现实，认清自己的生活状态。你不可能在一个不健康的环境中过一种健康的生活。你不可能时时保持警惕，甚至随时准备应对言语虐待。更重要的是，即使他少一些言语虐待也不一定保证你们能够建立温情脉脉、相互关爱、幸福甜蜜的生活。

解决问题的最好时机是在它初露端倪的时候。避免受到言语虐待的最好方法就是及时预见即将发生的言语虐待，并及时回避。

如果你考虑重新组建一个家庭，一定要辨别清楚。你想要的东西和你实际得到的东西总是有差别的，千万注意你们是否处于同一种生活状态。

下面我设计了一些问题，你可以以此来评判你的伴侣关系是否正常。这里仍然要重复一点，你必须相信自己的感觉，要根据自己的感觉来回答问题。如果这些问题中，只要有一个你觉得难以回答，就表明你们难以建立健康的伴侣关系。

♥ 你的家庭生活让你感觉快乐吗？

♥ 你喜欢他的想法吗？

♥ 你和他在一起感觉和谐吗？

♥ 你觉得你们之间能真正沟通，能在一起开怀大笑吗？你们能够用同一方式理解问题吗？

♥ 在你所有社会关系中，你们之间的友谊是最好的吗？

♥ 你和他在一起感觉放松吗？

♥ 你能按自己的想法行事而又不会遭到抨击吗？

♥ 你们之间有共同的兴趣吗？他会跟你分享他的兴趣吗？

♥ 他谈论自己的时候是否开诚布公、诚实可信？

♥ 你能从他那里得到温暖、理解吗？

♥ 他的幽默是建立在取笑你的基础之上吗？你感到痛苦吗？你感到难以接受吗？

♥ 他是否看起来不信任别人？

❤ 他是否会否定你的思想、观念、感觉和经历？

❤ 和他在一起是不是和与其他人在一起时一样开心？

❤ 他理解的事情或者记得的事情是不是和你不一样？

❤ 他对你的描述是不是都依据一些无聊的小事？

不管你是现在还是过去处于一种虐待型的伴侣关系中，或者你从来都没有处于这样一种关系中，上面的问题都可以作为一个标准，你可以借此对你的伴侣关系做出判断。要尊重自己的感觉，如果你感觉有些不对，即使只是一闪而过，你也可以肯定这件事有问题。

第十三章

恢复到正常状态

> 所有的变化，即使是你最希望的变化，也会带来痛苦。我们必须让一种生活方式完全消失，然后开始另一种生活，那被我们留在身后的，是我们自己的一部分。
>
> ——阿纳托尔·弗兰克

受虐者认清了言语虐待现象，并且采取必要的措施确保自己不再遭受虐待，这个过程就表明她已经从言语虐待的创伤中开始恢复了。治疗创伤就是恢复正常生活，这个过程没有什么固定的步骤，恢复的时间长短也因人而异。

一个人如果受到了虐待，不管是情感、肉体或者是性方面，也不管发生在幼年还是成年时期，直面它都会使受虐者感到震惊和痛苦。当一个人的灵魂和肉体处于一个让人难以接受的环境时，精神将会扭曲，你只有意识到且勇敢地面对它，才能恢复到正常状态。言语虐待持续的时间越长，程度越深，这个恢复的过程可能就需要越多的时间。

珍尼弗·贝克·弗雷明在《不要虐待妻子》一书中给女性读者提了很多建议，这些建议鼓励女性以更加坚定、积极的态度看待自己。我对她的建议做了些修改和补充，以期为那些受虐者提供更好的帮助。

♥ 我要相信自己的感觉和感受。

♥ 我不应该对伴侣的言语虐待负责。

♥ 别人的生气、愤怒，甚至大发雷霆都与我无关。

♥ 我是自由的，我的精神不该受到折磨。

♥ 我可以对我不喜欢或不想要的东西说不。

♥ 我不必把它当真。

♥ 我很重要，是人类中重要的一员。

♥ 我是一个有价值的人。

♥ 我应该被人尊敬。

♥ 我有权利安排自己的生活。

♥ 我能独立照顾自己，我有这种力量。

♥ 我可以依赖自己的创造力和智慧。

♥ 我有权选择最适合我的东西。

♥ 只要愿意，我可以改变自己的生活。

♥ 我不孤独，我可以请求任何人的协助。

♥ 我应该让自己的生活安定幸福。

受虐者从被虐待的创伤中恢复，应该遵循以下一些基本方针。如果你处于一个言语虐待型的伴侣关系中，或者正在想办法逃离这个环境，这些建议对你来说是有用的。如果你想摆脱原来的受虐环境，你可以一步一步地加强自尊心，改善你的生活质量。

1. 相信自己的感觉。 在创伤恢复的过程中，受虐者是有接受并相信自己感觉的机会的。如果你充分了解自己的感觉，接受自己的感觉，并相信它们是对的，那你可能是受虐者中第一个这样做的人。前面我们已经说过，这些感觉是指示器，它说明是你现在或者过去的生活环境有问题，而不是你本人有问题。

2.找一个专业顾问。为了给自己创造一个良好的生活环境，你需要找到一个专业顾问或者心理咨询师，请相信，花费这点儿时间和金钱是值得的，因为他们可以给你必要的帮助。在专家的指导下你可能会明白，是童年的一些生活经历使你适应了这种言语虐待，你可能还会注意到这种情况也存在于大多数人之中。在你还是个孩子的时候，在家里、在学校或者和小伙伴一起玩耍时，你可能已经被误导了。你从那时起就开始怀疑自己的感觉，因为即使最善解人意的父母，也不能总是完全理解或接受孩子们的感觉。

但你必须知道，有些顾问的建议对你并不一定有用。尽管他们支持你，但他们提出的建议可能适得其反。他们常常劝说你单方面去改善你们之间的关系，让你觉得，就像受到肉体虐待的伴侣感觉要为自己受到的虐待负责一样，受到言语虐待的伴侣也认为，配偶贬低自己、对自己大吼大叫是自己的责任。这种情况下让受虐的一方去改善关系，效果往往适得其反。

有些顾问的建议只注重善意的撮合，却起不到指导作用。一位受虐者从顾问那里得到建议："如果你对他敞开心扉，他也会打开自己的心门。"这句话并不适用于言语虐待者。受虐者敞开心扉，只会让施虐者注意到受虐者的弱点，于是在生气的时候，利用它来狠狠地攻击。有些言语虐待者看见伴侣受伤会有得胜的感觉，好像自己真的赢得了一场战争一样。如果伴侣接着告诉他，自己受到了伤害，这些施虐者会勃然大怒，宣布自己受到了攻击。

一位受虐者已经和伴侣分居了，她打算离婚，而顾问这样告诉她："因为你有孩子，所以你永远不能摆脱和他的关系。"受虐者说："听完顾问的话，我想我永远不会离开了，我将成为一个靶子，一个站在机关枪面前的靶子。"但她逐渐认识到不能这样忍受下去，她完全可以不和伴侣交谈，也不待在同一个房间里。

另外一个受虐者的顾问对她说："其实他蛮可爱的，不仅能挣钱养家，而且还没有外遇。"如果这个顾问亲身经历过言语虐待，就不会这么说了——即使是开玩笑，这个顾问也不会这么说。言语虐待总是和肉体虐待相伴相生。

还有很多书谈到了从虐待创伤中恢复的一些问题，虽然没有直接谈到言语虐待，但同样给我们提供了许多新的观点，也给我们很多鼓励，让我们从另一个角度帮助受虐者。

3.寻找合适的互助团体。如果能找到一个团体支持你是最好不过了。对于那些遭受言语虐待，而又被施虐者极力否认的人来说，团体的帮助会更有意义。她们可能有过和你类似的经历，也可能没有，但她们都能理解你。你和她们交换彼此的感受，会使你感到精神放松，心情愉快。一个团体可以反馈给你真实的生活状态，可以肯定你的感受和体验，还可以让你体会畅通交流的快感，这样一个团体是受虐者欢迎的。

4.设定目标。你要采取一些措施，一步一步接近自己的目标；做一些有益的工作，这样会增强你的自信心和自尊心。不管你有什么感觉，做任何事情都是为了使自己精神愉悦。你要设定一些目标，不管多么小，每天都要为之努力，不断地去实现它。

5.维持基本的日常生活。你在做这些改变的时候，要保持日常生活不变，吃饭、锻炼和睡眠都要和平时一样正常进行。

6.在压力中照顾自己。所有的改变，即使是你最渴望的改变，也都会产生压力，所以在这个过程中，请尽可能地照顾自己，珍视自己。

7.活在当下。活在现在，而不是过去，也不是未来。你要将所有注意力放在现在，运用所有的力量去关心自己，爱护自己。

8.要拥有父性和母性双重的特征。父性特征主要指冒险精神和做事的魄力、勇气。母性特征主要指一种爱的精神，这种爱，教你接受自己的一切，包括感觉、思想、创造力和内在的童心。爱自己，你便有自信；有勇气，你便会精神振奋。

在康复过程中，你必须认识到你是一个受害者。千百年来，女性一直受到她们的伴侣公开或隐蔽的统治和支配，这是人类传统文化的一部分。这或许会使你感到伤心，也可能会让你感到耻辱——请记住，这是施虐者的耻辱，而不是你的耻辱。只要认识到他的生活状态和你的完全不同，你就可以判断出耻辱到底属于谁。你要采取适当的措施使自己摆脱受虐的环境，进入崭新的生活状态，即状态Ⅱ，在这种状态下，每个人都是自由的，每个人都拥有自尊，且获得足够的尊重。这是一种新的文化传统。

你可能非常困惑，不知道自己为什么会被言语虐待所迷惑。施虐者的话可能会使你感到困惑，一是他强调自己"没有生气"，可是语气明明显示着他在生气；二是他假装不知道你在说什么，尽管他的确知道你在说什么。但只要你肯定自己的感觉和感受，施虐者的话就欺骗不了你。如果你听出了他语气中的愤怒，而他却说自己很平和，你的感觉是对的，他的话是错的。你非常确信他生气了，这是你听出来、感觉到的。

在恢复的过程中，你会对曾经的遭遇有一些新的认识。试着回顾那些让你吃惊、迷茫和不知所措的事件，在它们发生之初，你可能不理解，现在再去回忆，你会看得更清楚。梳理过去的痛苦经历和令人震惊的生活状态，会使你正确地理解自己过去的生活。回忆时你要努力克服这些痛苦经历带来的感受，集中精力处理好现在的事情，这有助于你的改变。

你还需要时间分析所遭受过的言语虐待。如果你的伴侣不断告诉你，他不知道你在说什么，或者反对你所有的观点和看法，你需要时间分析自己的观点和周围的生活环境是否一致，这个过程绝对不能受到干扰。

在恢复的过程中，你也许会开始一段新的婚姻关系。既然你已经认识了言语虐待的本质，并且能够辨别出你和施虐者各自的生活状态，那么，你要相信自己可以感觉到新婚姻关系中是否有状态 I 的某种特征，即使是很轻微的特征也不例外。如果不是一切正常，你的生活会变得更糟。

你会发现自己有了新的才干、新的能力和新的观念。如果你最大的长处都一直遭受伴侣的打击和贬损，你会认为自己是失败的，而不知道你其实很有能力。一旦你的精神获得自由，情绪就会高涨，自信也就随之而来，你会发现自己就像个宝藏，有许多令人称羡的"宝贝"。

在完全认识到自己遭受的言语虐待后，你会产生一些从未经历过的感觉。你本来一直对伴侣抱有幻想，一直认为他爱你，他总有一天会更理解你，可是现在幻想破灭了，你发现根本没拥有他的爱，你觉得失去的东西太多了，所以非常悲痛——这是伤口恢复必然带来的阵痛。你的悲痛从一定程度上表明了你的精神正在恢复。

事实上，从精神上认识到没有得到伴侣的爱，并勇敢地承认这一点，会给受虐者带来痛苦，但是，受虐者会在这个过程中得到状态 II 之下的自尊。所以，唯有直面这些痛苦，我们才能更深地体会到人类的精神价值，从而整合自己的价值——我们应该得到爱和尊重，使自己变得更完整，生活也将更有意义。

第十四章

往事不再回首

现在这一切都是真实的。以前，我好像生活在一个错误的世界中，总是让他生气——好像我活着就是一个巨大的错误。

——一个受虐者

见到奥利维亚的时候，我首先注意到的是她那又大又黑的眼睛——炯炯有神，笑起来就像两颗钻石，熠熠发光。她在前不久答应接受我的采访，时间几经变动，现在我们终于在一家小饭馆中见面了。我们喝着咖啡，慢慢谈到主题。

"我以前可没有今天这样的好心情。"她说，"我无法忘记那段日子，我的丈夫在我面前好像变成了一个陌生人。"她缓缓地说，略带些犹豫，"但在大部分时间里，我尽量不去想这件事。"

"不错，你今天看起来真的很高兴。"我说。

"噢，是的，尽管发生了很多事情，但现在的生活还是美好的。以前的丈夫贬损我，冲我喊叫，幸运的是这种情况并没有持续很长时间。现在再让我碰到这样的人，我会立刻走开，不给他时间让他发作。

"过去，我几乎每天都要受到伤害，我甚至都习惯了那种生活，总是不断地试图去理解。"

她谈起过去的那段生活，脸上浮现出困惑的神情。

"当你的丈夫变得陌生以后，你的生活就开始发生变化了是吗？"我问她，"你能跟我谈一谈有关情况吗？"

她耸了耸肩，四处看了看，似乎要确定一下没人在听我们谈话。我们随意地喝着咖啡。

"迪克，我的前夫，和我生活在不同的世界，是我自己意识到这一点的。我们结婚16年了，我突然发现——我真的发现了，在这16年里，他所做的一切都是错的。你明白我的意思吗？"

我点点头，说："是的。"我注意到她瘦削、柔弱的面容和她声音中的力量是不相称的。

"那么长时间以来我竟然都没有注意到这一点，很奇怪。如果这样的事发生在别人身上，我会立即告诉她，'嘿，那是错误的。'但是，对我自己来说，"她笑了一下，"我经历了16年才认识到。"

"当他对你大喊大叫或者贬损你的时候，你不觉得这是不对的吗？"

"是的，就是这样。很长时间以来，每次遇到这样的事情，我都会很不高兴，但是我总以为我应该忍受这样的事情。我当时认为，如果我受到了伤害，自己就一定有什么不对，或者认为自己理解事情的方式和他不一样——为什么他说'根本没什么'，而我感觉很糟呢？我认为只有使他理解我，才会让他不至于对我如此恼怒。"

我们又喝了一杯咖啡。

"在我听来，你好像是说在过去那段日子里，如果你丈夫对你大喊大叫，你认为自己有受伤的感觉是错误的。怎么会这样？你认为是什么因素促使你这样想？"我问。

她闭上了眼睛，昂起头，好像在回忆过去的场景，然后又慢慢低了下来，直视着我说："他总为自己的愤怒找理由，而我觉得这些理由也有一定道理，这就是我有这种感觉的原因。但是自从他变成了一个陌生人之后，这种感觉消失了。"

"你能告诉我你身边发生的一切和你对这一切的理解吗？"我问。

"我想这里发生的一切对我的生活不会有多大的改变。其实对我的生活发生巨大影响，并使我的生活发生改变的，是因为我终于完全理解了这些事情。"

她开始讲述：

有一次，家里来了些朋友，他们要在这里过夜。快吃晚饭了，迪克还没有回来。他们谈论着要吃半熟的鸡蛋和吐司面包，并问我有没有鸡蛋和面包，我说："有，有很多。"我还问他们要不要吃别的什么东西。"不要了。"他们回答说。显然，他们只要鸡蛋和面包就行了，他们爱吃这些东西。

第二天早晨，我在花园中喝咖啡，朋友们还在卧室里，迪克突然转过屋角出现在我面前。他说："我想去商店买些蛋糕回来做早餐（平时每个星期六他都这样做），你要点儿什么吗？"我当时心情很好，他征询我的意见让我尤其开心，我认为他想得太周到了。我开始盘算着需要些什么东西，厨房里缺什么，大家的早餐需要多少点心，朋友们还要多少鸡蛋和面包。这些问题在我脑子中几乎是一闪而过，很快就有了答案：我不需要什么东西。需要指出的是，我无意要他花很长时间在那里等答案，或者故意跟他磨蹭。

我说："谢谢，我想我不需要什么东西，客人们早餐不吃蛋糕的。"

迪克立刻勃然大怒，脸涨得通红，眼睛闪着怒火，牙关紧咬，把身体横在我面前说："我不管了，我买东西不是给他们吃的，而是给我自己买的。"他说话的声音很大，大得让我害怕，那话就像子弹一样射向我，深深地刺痛了我。说完后他快步转过屋角，不见了踪影。"

奥利维亚从自言自语的状态中回过神来，恢复了原来的语速。她看着我，轻轻扬了一下眉头，好像记起了一些奇怪的事情。

"他当时会如此恼怒——当然现在不会发生了——我感到非常震惊，但那是一种很熟悉的震惊——我都感到麻木了，甚至有点儿眩晕，周围的鸟儿停止了歌唱，或者是我没有听到它们的歌唱，我不知道。我稍稍清醒时，就感觉整个胸腹部在翻江倒海，非常难受。"

"后来回忆起这件事，我曾试图弄清楚当时的情形——我说了什么，他说了什么。"

她犹豫了一下，做了一个深呼吸。我看着她的眼睛，说："后来你试图弄清楚的时候，你是否仍然感到身体内'翻江倒海'呢？"

她轻轻地点了点头，好像在摇晃着自己。她说："是的，可能正是一直有这样的感觉，所以我很难思考。最终我弄懂言语虐待的那一天，就是我的生活发生改变的那一天。我终于超越了自己。

"现在我知道，不管是挨了一拳，还是遭到言语的攻击都是不公平的，但那时，我只是想弄懂他的意思。

"我开始试图找出是哪些话伤害了他，使他如此大怒。当时我还不知道我是唯一的受害者。我在想，他生气，是不是因为我知道为什么不需要买早点，而他不知道呢？"

"所以你认为，他可能认为你忽视了他，因而感到受了伤害？"我问。

"是的，我认为我对客人们的需求知道得比他更多。"

"我想，只要我告诉他为什么，就没事了。"她接着说，"但是在类似的情形之下，我能记起来告诉他原因吗？我怎样才能确定需要告诉他原因呢？"

"你又想出另一个可能使他生气的原因。你当时认为他要为大家买早点，而实际上他不想为大家买早点，你也没有先问问他的意愿，所以他会感到愤怒，是吗？"我问。

"是的，我想，要是我不这样认为就好了。可是当时我这样想了吗？或者，他可能是想给大家买早点，但我拒绝了，让他感到很失望，所以他生气了？"

她提出诸多可能性来解释丈夫的行为，我发现自己的注意力也被这些可能性吸引了，我问道："那你认为他有可能不是因为你刚才的推测而生气，而是因为他不能为大家买早点而生气吗？"

"是的。我使他感到失望了吗？但是我本来没有这个意思。是不是他本打算买两个蛋糕，而我打乱了他的计划，所以他感到愤怒呢？是不是一切都因我而起？"

"你又以为他因为必须改变计划而感到愤怒吗？"

奥利维亚点点头："我想，可能他想买一个比较别致的蛋糕来增加聚会的气氛，而我说不要的话让他很失望，也很愤怒，所以就说他不管了，他只买自己吃的，而我并不知道他有多失望。或者他认为我知道他失望，而不表示关心，所以才对我大喊大叫。

"或者，他生气的原因是，我只顾坐在花园中享受着早晨的清新空气，而不和他一起去商店买东西？"她顿了顿，"我怎样才能知道他为什么生气呢？"

我摇摇头："我不知道。我不清楚你怎样能知道这一点。我想如果你理解了他的想法或者抓住了他的心理，你就可以不犯相同的错误。不管是什么事情，你都不会再次经历这样的感受，你说是吗？"

"哦，是的，我不怀疑这个说法。我认为尽量理解伴侣会解决生活中的其他问题。"

"我知道。"我接过话头，并接着问她，"你是不是说要尽可能地、更多地理解伴侣？"

奥利维亚的眼睛眨了眨，她向前探了探身，说："正是这样。"她继续说："我错了，不管找什么理由我都错了。后来，我鼓足了勇气问他为什么会大动肝火。问之前我已经做好了准备，不管他有什么反应，我要尽量保持自己不惊慌失措。他说，'你说的发火是什么意思？'这虽是他惯有的行为，但我还是感到奇怪，我没说什么，然后很有耐心地等待。他终于开口说话了，他说我从没让他买早点。这就是他说的话，我从这些话中能听出他又生气了。我真的被他搞晕了，事实上几乎每个星期六他都会带上很多钱去买早点。

"我曾对我们的关系充满希望，我也认为自己有一些很好的主意。我告诉他，发火之前可以先问问我是什么意思，我想这个方法可以解决很多问题，因为我确信他非常想理解我。可是，他说我在无事生非。

"那时即使他说我'无事生非'，我也没有完全放弃希望。他只要肯做这些小事，就会对我们的关系有很大好处，我觉得他理解这一点；他也应该知道，我并不是故意令他难过，我可以向他解释，让他不至于这么烦恼。我以为这些他都是了解的。

"但是，当他指责我，说我将一些事弄得乱七八糟时，我还是想不通。我感觉很糟糕，但又难以用语言来表达。"

"我明白了。现在，我想知道，你是不是对过去的事情有所认识，回想起他对你恶语相向、让你如翻江倒海般难受时，你是不是意识到他不是你想象的那个样子？"

"是的。"奥利维亚很快做出反应，"我现在认识到了，我之所以感到困惑，是因为我原来找的那些理由一个也不对。我不能理解这些年发生的事情，它太奇怪了。他的表现和我对他的想象是不一样的，我认为他是一个成熟的男人、丈夫和父亲，是一个值得尊敬的职业人士。"

"在他生气之前，他从来没有问过你的话是什么意思，对吗？"

"是的，他从来没有这样做。"

"最后，我找了个顾问，要他和我一起去做咨询，他却对顾问说他正在努力改善我们的关系，而我没有。现在回忆起来，我想我当时真是被蒙蔽了。他说他爱我，但是你听到的这些事情都不是爱的表现。他每天都会考虑这些事情——如果他真的爱我，就不会是这样的处理方式。"

"我明白。这使你感到困惑，但是你弄清楚原因了吗？"

"是的。那个星期六上午发生的事情使我受到沉重打击，没有人可以这样对我大喊大叫。我花了整整一天时间，试图弄明白为什么，但始终没有答案。我还在想，有谁可能会对我吼叫呢，我想了很多人，但唯独不包括那个爱我的丈夫——一个爱我的人不应该那样做。但是那个爱我的丈夫，他好像在很久以前就已经消失了，现在他看起来像个陌生人。我就是和这样一个男人结婚的。我考虑这件事已经很长时间了。"

"看着你的丈夫变成了陌生人，你是什么样的感觉？"

奥利维亚笑了，说："我的整个生活开始发生变化。现在想来，即使我当时说'这个周六我不需要你买早点'，他也不能因此就对我大发雷霆，他没有任何理由发怒。错的是他，而不是我，这就是我现在的体会，是我内心的感觉。"

"对。"我说，"不管他是怎么想的，他都没有理由这样做。"

"是的。"她笑着说，"现在我想象当时应该是这样一种情形——如果我丈夫对我来说还没有变成一个陌生人的话，当时的情形应该是这样的，我说'这个周六我不需要你买早点'，他会说，'哦，为什么不呢？'他应该感到很惊讶。"

她停下来，用眼睛询问我是否明白，我接着她的话问道："然后你和他谈论过这个问题，是吗？"

"是的，"她肯定地回答，"他应该对我这样说的原因感兴趣。"

"这种情形才是你希望看到的，才是正常情况。"我表示同意，又问，"告诉我，他表示歉意了吗？"

"没有，我不敢说他曾表示过歉意，不仅是针对这一次的言语虐待，我们在一起整整生活了16年，我也从没见他道过歉。"

"他一定认为是我令他生气的。就我能想到的一些情况来看，我从来不敢肯定他会道歉。"

"然后呢？"我催促她往下说。

"当我明白了他的所作所为，便不再试图理解他，也不再向他做解释。"她转动着大眼睛说，"我开始试图制止他的这种行为，但这是非常艰难的，因为我让他闭嘴时，他不是更加愤怒，就是大笑。那段日子真的很艰难。你知道，我是一个多愁善感的人。当我还是个孩子的时候，我就向上帝祈祷，祈祷自己快点儿长大，长大以后就可以不再多愁善感了——就像我周围的大人一样。他从来没有流露任何情感，这是一定的。"

"但是你仍然多愁善感了。"

"是的——尤其感到伤心，但也许正是我的多愁善感救了我。"她的眼睛睁得大大的，"我之所以感到痛苦，是因为我内心觉得，他的行为是不正常的，我的感觉是对的。如果伴侣贬损你或者对你大喊大叫，别人可能告诉你，他不是真的在嘲笑或者伤害你。但不管别人怎么说，我自己知道他的这种行为是错误的。通常他们自己不是也在大喊——他们没有对别人大吼大叫吗？"

"对，"我表示同意，"他们就是这样的。"

"我最后想告诉你的是，在我的整个婚姻中，我做得最好的事情都会遭到他的贬损。他之所以这么做，最重要的原因是他妒忌我。在他的贬损下，我不知道该如何认定我哪件事情做好了。于是我往往把做得好的认为是差的，而把做得差的认为是好的。渐渐地，我就不知道我能做什么事了。"

"是的，"我对她的话予以肯定，"你也不是唯一遭遇这种情况的人，那些受到支配和控制的人普遍都会遇到这种情况。这是受到言语虐待的一个特征。"

她笑了："现在我已经完全明白了，对言语虐待也认识得清清楚楚，我现在高兴极了。"

"我也很高兴你跟我说了这么多。谢谢。"

"我也很高兴可以有这样一个机会谈谈心里话。人的痛苦往往都只能掩藏在心里，是不是？"

一些曾经的受虐者回想起她们的经历时，说的话都非常典型，我把它们列举如下：

"以前，我认为：如果他爱我，怎么会有敌对情绪呢？现在，我认为，如果他对我有敌意，怎么会爱我？"

"以前，我认为他只是不爱说话，现在，我知道他是故意保持冷漠。"

"以前，我相信他竭尽所能地理解我，就像我极力理解他一样，现在，我知道他根本不是这么想的。"

"以前，我不能理解，他怎么能够在贬损我后又马上否认，我想他在某种程度上有人格分裂倾向，但现在我知道他根本没有。"

"以前，我认为我说的话有不对的地方，现在我明白为什么会有这感觉，那是因为他说的每一句话都和我的想法抵触。"

"以前，我认为他可能有某种沟通障碍，我试图提起各种各样的话题以引起他的兴趣，但是他都不愿与我交谈，我还试过讲一些笑话逗他开心。现在我知道了，他只是想和我保持距离，想控制我。"

"以前，当我想表达自己的看法的时，总有一种奇怪的恐惧感，害怕自己说错什么。他经常反驳我的观点，每次他说了什么，我都会感到非常迷惑，还有深深的挫败感。现在我知道他所做的一切都是在压制我。"

"以前，我认为他不知道他说的话对我造成了多么大的伤害，只要他认识到这一点，就会道歉。现在，我知道他绝不可能道歉，因为他认为道歉就是投降。"

"以前，当他说'我爱你'时，我相信他说的话，所以我看不出他完全相反的一面。"

"以前，我认为所有的男人都和女人的看法不一致，但不知什么原因我似乎有点儿笨，我认为自己不清楚怎样和男人说话，不知道怎样才能使男人不生气，而且认为自己是世界上唯一这样的女人。"

"以前，我认为既然我们已经结婚了，他一定和我一样为这个家庭着想，我们能够分享彼此的乐趣，但现在我明白了，他的想法正好相反，他认为正因为我们结婚了，所以他可以控制我。"

"以前，我认为他不会说一些有违事实的话，但现在我知道他不是这样想的。"

第十五章

潜在的原因

> 他从来没有关心过她，他的自高自大以及对她冷酷的利用都令人不寒而栗……你必须从恐惧中清醒——你要了解在那一瞬间，即使他眼中有泪，那也是冰冷的。
>
> ——亨利·詹姆斯

存在言语虐待的家庭，表现出来的情形虽然各有不同，但潜在的原因可能是一致的。

假设施虐者和受虐者都在状态Ⅰ的环境下长大，大家会有很多疑问。例如，这两个人中，为什么一个人变成了受虐者，而另一个人变成了施虐者？为什么受虐者有了状态Ⅱ的某些特征，但没有状态Ⅱ的自尊？为什么施虐者仍然留在状态Ⅰ之下，不断寻求控制和支配别人，而不愿意相互交流？

我认为，这需要理解儿童时期的经历，既要了解受虐者的经历，也要了解施虐者的经历。首先让我们一起来考察受虐者的经历。

◎ 受虐者的童年

典型的受虐者，其童年一定是在状态Ⅰ之下度过的。大人们常常因为无知，或者自认为爱孩子，而对他们滥用权力，实施控制，他们总是错误地认为孩子在自己的这种管控下会成长得更好。在状态Ⅰ之下，控制和支配是普遍现象，言语虐待也时常发生，孩子的感受得不到肯定，不被人接受。言语虐待可在各种情况下发生，有时是因为受虐者有一个冷漠、粗心、孤僻或者易怒的父亲，有时是因为身边的亲人或者老师有言语虐待倾向。

有一些决定性因素使受虐者具有状态Ⅱ的特征。在她的童年时期，一定有人目睹过她的经历，并通过某种方式让她知道，她的生活方式和其他人不一样，有些不对头。但是哪里不对头呢？所有有权力的大人是不会错的，他们怎么会错呢？在她幼稚的眼睛里，他们就像上帝一样。她唯一的选择是认为自己错了——可能是自己的表达方式，也可能是自己的理解方式，或者是对生活的感受和体验。

就这样，受虐者的生活状态处于状态Ⅱ之下，却缺失了状态Ⅱ应有的自尊。她知道自己曾经遭受过不幸，因此富有同情心，能够体谅和理解别人，并尽力追求沟通和理解，她唯一不知道的是为什么她会遭到言语虐待。

她肯定认为，那个说爱她的人不会故意要使她难过，不会无缘无故冲她喊叫，不会无中生有地指责她哪里不对，除非自己真的有什么地方做错了，或者对某些事情的理解产生了偏差。可能是自己不经意或者无意识地做了什么事、说了什么话伤害了对方，使他难过，就像自己感觉受伤一样。她从自己的内心深处寻找他们之间不和谐的原因，且坚信，她的伴侣也一定如此。她还认为，如果伴侣找不到答案，那也是因为他们不处于同一种生活状态。

我们知道，即使是最理想的童年，也会或多或少地遭遇言语虐待。这种经历会使大多数孩子不自信——产生自我怀疑。在存有言语虐待的夫妻关系中，这种自我怀疑会快速增长。例如当受虐者听到这样的话，"你总想证明自己正确"或者"你把一切都搞砸了"，她封存在记忆中的童年经历会马上重现。只是这一次再没人目睹，因为伴侣只会在没有人的时候对她施虐，让她无法得到别人的同情。

如果你经历的事情没有一个目击者，也没有人肯定你的生活状态，你只能依赖自己的感觉来判断。这对于任何人来说，都是非常困难的。偏偏受虐者的自信心又不断受到施虐者的打压，她的感觉和判断力在频繁的指责下早已遭到破坏，要正确认识自己的生活状态，那真是难上加难。

受虐者经常被灌输这样的思想：尽管你感到很受伤，但实际上你并没有受伤；即使你真的受了伤，那也是你自找的。从童年时起，她已经习惯了这样理解自己的感受，所以意识不到她实际受到了言语虐待——好像这一切都是正当的、正常的，尽管她感觉很糟，但这感觉似乎是错的。

施虐者否认自己有言语虐待行为，而典型的受虐者多半会相信。受虐者每次试图寻找答案的努力都无法解决自己的沮丧和困惑，她只是觉得自己能力不足，没能弄清楚问题出在哪里。如果伴侣没错，没有撒谎，那就是自己错了，可能是理解方式错了，可能是表达意义错了，可能是感觉系统出了问题——童年时的那种自我怀疑又会再次出现。她打开心门来倾听对方的谈话，这些话本来可以揭示、证明她受到了言语虐待，但是她不假思索地接受了对方的言语虐待，所以，她成为一个典型的受虐者。

受虐者会遭受很多精神折磨，而并不知道为什么。所幸的是，因为她一直关注自己的感觉，还没有与以自己为中心的精神生活完全分离——这是她个人权力的来源。所以最终，在个人感觉的支配和精神的需求下，她能够认识言语虐待现象，从而获得状态Ⅱ之下的特征。

◎ 施虐者的童年

现在我们来看一下施虐者虐待行为的起源。与受虐者类似，典型的施虐者也是在状态Ⅰ之下长大的，自己的感觉往往不能被人接受和肯定。与受虐者唯一不同的是，没有一个同情者目睹他的经历，因此他认为这一切都是很正常的。既然是正常的，那么他所有的痛苦都应是不存在的，就这样，那些痛苦慢慢消失了——他关掉了那扇大门，无视自己的感受，也无从了解自己遭受的痛苦。

就这样，他将自己生活的一部分封闭起来，逐渐习惯了状态Ⅰ的生活，且在成年后模仿童年时期对自己施虐的那些人的行为。如希特勒的父亲就非常粗暴，而他的身上就留有父亲的影子。可以说，施虐者早就对言语虐待行为非常熟悉了。

施虐者从小不能了解自己的真实感受——他不知道自己遭受了哪些痛苦——没有人同情和怜悯他，所以他无法跨进状态Ⅱ的大门——在他关闭了那扇门之后。

童年时期是否有一个同情你的目击者，这是决定一个童年时期受过虐待的孩子是否会变成一个独裁者的关键因素，也就是说，他长大以后是会将受到压抑的无助感映射到别人身上，还是将自己的感受讲出来，不去压迫别人，都由这具因素决定。

因为施虐者认为自己的行为是正当的，所以他无法理解这些行为给别人带来的影响，他将自己的压抑感映射到别人身上，行为带有强制性。他之所以寻求支配权力，是因为他感觉无助。童年时期无助的、痛苦的感觉被他认为是"不存在的""感觉不到的"，但其实是真实存在的，即使他感觉不到，但在无意识中，他已经将这些感觉表现出来了。

从童年时起，施虐者就关闭了感觉的大门，他自身真正的感觉都留在了那扇紧闭的门之后。他内心的感觉，从心理学的角度说，已经被埋进了痛苦的坟墓中。在那种无意识虐待中待的时间越长，他就会变得越容易发怒，表现的程度也会越来越激烈。爱丽斯·米勒告诉我们：

只要孩子的内心没有注意身上发生了什么事，那他的情感就可能被冻结，对于儿童时期所受耻辱的敏感性也会迟钝很多。

所有的人都会去爱、联系和同情别人，如果不是这样，那一定有一个重要的前提，即他的同情心和理解的能力丧失了。

尽管受虐者会向施虐者解释什么事情困扰着自己，但是施虐者的虐待行为仍然在进行。想用坦诚来唤起他的同情心简直是异想天开，因为他根本就没有同情心。就像爱丽斯·米勒指出的那样，一个孩子在受到虐待时，一个富有同情心、能理解他的知情者，使他对自己的经历有所认识，这是他长大成人后能拥有同情心的重要前提。没有同情心的施虐者会对伴侣的痛苦无动于衷。

施虐者会将自己年少时受压抑的感觉发泄出来，即将自己童年的经历映射到另一个人身上。因为他不能感受自己的痛苦，觉得自己童年的经历是正常的，但这些经历又在心中留有难以磨灭的记忆，所以他的行为中一定会带有童年的印记，这就是促使他不断实施言语虐待的原因。那种痛苦和无助感一直潜藏在他内心深处，从来没有被消除过，这些感觉只会加剧他的言语虐待行为。

施虐者通过控制他人获得的快感在一定程度上取代了上述感觉。施虐者不愿正视自己的痛苦，自欺欺人地认为"它是不存在的"，这是施虐者不断要求权力、寻求控制支配别人、追求高人一等的地位的潜在原因。

除了感觉没有权力，很多施虐者内心深处隐藏着深深的负罪感，其原因是成年以后的他们形成了与母亲迥然不同的特质。我们一般认为，不管是男孩还是女孩，他形成的第一特质首先受母亲影响。但是男性长大成人后，完全摆脱了母亲的特质，变成了一个男人，他与母亲之间这样一种联系就被切断了。这会给他带来负罪感，尤其是当母子间的关系在心理上不太正常时，这种情况尤其容易发生。

如果这种负罪感得不到解决，这个男人就会试图有意抛弃自己身上所有有关母亲的特质，并把这些都视为是女性的，认为它们不值一提，从而形成自己高人一等的感觉，在伴侣身上尤其能形成这种感觉。

一般来说，我们认为施虐者是自我封闭的，他拒绝承认自己有复杂多样的情感。如果他的感觉遭到否定，他自己也就被否定了。施虐者是什么人呢？对别人来说，他是一个"很难被真正了解"的人；对于他自己来说，他"想"自己是个什么样的人，自己就是个什么样的人——他是自己想象中的人。

施虐者的自我想象并非根据自己的感觉，他的思维结构很脆弱，根本没有个人权力的概念。个人权力包括感知能力、选择能力、创造能力，在这种权力的基础上认识自己，才能对自己形成正确的认识。施虐者的头脑中根本没有个人权力的概念，所以要寻求权力控制。他对伴侣实施言语虐待时，感到了支配的快乐和高人一等的满足。部分言语虐待者非常渴望权力控制给他带来的快感。

言语虐待者非但不愿正视自己的感觉，而且也不愿意正视他的虐待行为。他想象中的自己与现实状况并不相符，这个想象中的形象否定了他的动机、强制性和很多行为。例如，一个极端紧张、愤怒、粗暴的施虐者可能将自己描绘成一个非常平和、随意、温柔的人；一个吹毛求疵、对伴侣评头论足的人会说自己乐意接受任何人——每一个人过来时，他都与之交谈；一个暗中破坏型、琐碎浅薄型或者冷漠型言语虐待者可能说自己对伴侣一直都很支持；一个对抗型或者贬损型言语虐待者则会说自己既开放又公平。很多言语虐待者肯定自己，实际上却沉溺于各种类型的言语虐待之中。

一个绝对的言语虐待者会按照自己的方式描述自己和周围的人际关系现状，他们的话听起来很有说服力，以至于得到伴侣的拥护。但是对他们的伴侣来说，接受和信任他的话反而会增加自己的困惑。

很多受虐者指出，在不同时间和不同的环境下，她们伴侣的形象和"扮演的权力控制角色"不断变换。一个受虐者描述她的伴侣："有时候闷闷不乐，有时候兴高采烈；有时候傲慢寡言，有时候自言自语；有时候机敏圆滑，有时候勃然大怒。但对大多数人来说，他是一个好好先生。"

施虐者丧失了自我感觉，结果感到没有权力，这会促使他的自大感不断增强，会更加藐视他的伴侣。可是他并不能通过言语虐待使自我感觉生动起来，因为他的兴奋和胜利的感觉都是不真实的，他仍然需要不断为想象中的自己寻找支持。

当言语虐待者变成了肉体虐待者，他们一般不会承认自己有虐待行为，即使他们被拘捕仍然如此。他们想象中的自己和他们实施言语虐待的冲动是矛盾的，这是他们否认自己有言语虐待行为的主要原因。言语虐待者企图用这种否认来保护自己想象中的形象不致破灭，如果他承认他所做的一切，那么他引以为荣的个人特质就显得毫无价值。这就是言语施虐者不肯诚心道歉的原因。

一个坚强的人勇于承认自己的弱点，一个自信的人能够承认自己的错误，只有内心虚弱和自卑的人才做不到这一点……因为言语虐待者内心感觉是很虚弱的，他才拼命否定自己的感觉，并将它们映射到接近他的人身上，而离他最近的人就是他的妻子。

我们可将施虐者与《不加掩饰的男巫》中的角色进行对比——施虐者就不再拥有控制别人的可怕力量，而是一个没有主见、战战兢兢的人，但这并不意味着伴侣可以"帮助"他。爱丽斯·米勒的书中提到，希特勒在儿童时期受过言语虐待，成年以后，他则将自己受压抑的感觉映射到别人身上。

言语虐待者希望在大家面前树立起一个良好的形象，所以在和外人谈话时，他自然而然地营造出对自己的伴侣是多么支持、多么理解的假象。所以很多受虐者被周围人告知，她们是多么幸运，有一个多么优秀的伴侣。

由此我们可以看出，施虐者对自己的想象和他的实际状况是分离的。他需要在头脑中形成自己的虚幻形象。他经历了那么多痛苦，怎样才能使这些痛苦不存在呢？于是就像我们看到的，他把它们映射到了伴侣身上。

随着时间的推移，言语虐待者会越来越不愿面对自己和那些痛苦的经历，他的愤怒、恐惧和对自己的厌恶都在慢慢滋长，只是他自己并不知道，因为他将自己的一部分掩藏起来，意识不到这些感觉的来源。如果这些感觉浮现出来，施虐者会认为伴侣就是这些感觉的来源。这是一种映射。通过这种映射，他将自己所做的一切都怪罪到伴侣头上，指责她要为自己所受到的一切言语虐待负责。这样她就变成了他童年时期的翻版——受到伤害却无人目睹。

对言语虐待者来说，伴侣是他自身经历的延续。他看到她就会回想起自己的那段痛苦经历，会想起他的脆弱，可是他不敢正视自己感觉的存在，他认为必须控制住。结果，他的伴侣变成了他的控制目标，变成了他的压制对象。

在施虐者的内心深处，他非常害怕童年时期那种被抛弃的感觉，那种感觉是可怕的、难以接受的。但是他认为这种感觉不是来自他自己，而是来自他的伴侣。很多受虐者说，如果她们告诉伴侣自己受到了伤害，伴侣肯定会这样指责她们，"你在说我是一个可怕的人"，或者"你在攻击我"。这是他转移痛苦的一种方式。而一个没有虐待倾向的男人则会考虑伴侣的话，会表示歉意，会和她沟通这件事情，表示同情和理解。

如果一个人的心理倾向发生变异，比如自己感觉不好却在别人身上发泄怒气，通过控制别人满足自己的权力感，不择手段地维护自己的理想形象——在头脑中虚构的形象，将自己的感觉映射到伴侣身上，以此实现感觉和行为的分离，从而进行自我保护，那这就是施虐者的行为。

施虐者的生活中心是斗争，斗争的对象则是替他承担痛苦的那个人。在施虐者看来，伴侣的经历就像他童年的经历一样，是不存在的，他不认为她是一个独立的人，也认识不到她的生活状态。

根据上面分析的施虐者的表现，我们可以很明显地看出，施虐者每次施虐都是为了自我保护。愤怒、恐惧和无助是童年留在他内心深处的阴影，他的言语虐待行为是为了摆脱这些阴影；同时他又否认自己的行为有虐待倾向，以逃避责任。

我们再简单回顾言语虐待的各种类型可以看出，所有寻求支配权力的人都是为了保护自己，以使自己不受那种无权的压抑感的影响。

◎ 为了自我保护

压抑型言语虐待能在支配伴侣的同时维护自己的理想形象。如果施虐者暴露自己的思想，会给对方以优势。施虐者觉得，和伴侣谈论彼此的兴趣也是一种威胁，因为这意味着平等，平等就意味着自己丧失了优势地位。没有可以进行自我保护的优势地位，施虐者刻意排斥的那种无权的感觉就会浮现出来。

压抑型言语虐待者认为，与伴侣保持距离会使自己感到更有支配权、更有力量，牵制伴侣也就更容易。如果他冰冷的态度使伴侣的热情受挫，他反而会由此情绪高涨。为了自我保护，为了不受无能等感觉的影响，他要控制别人。

同样，为了自我保护，避免那种无权的感觉，施虐者采取对抗型的言语虐待。他宣布自己是正确的，伴侣是错误的。每当这个时候，他都会感到自己是胜利者——有更多的力量、更多的支配权力。

伴侣说"我想""我认为""我的意见"将会影响施虐者获胜的可能性，这是他无法容忍的。因为如果伴侣和他的观点不同，那么他就不能再控制她了，而他非常需要这种控制，因为这可以转移他的痛苦，一旦感到要失去控制，他的整个生活状态就会彻底动摇。

施虐者往往通过淡化言语虐待行为的影响，来保护自己的理想形象。贬损型言语虐待就是施虐者自我保护的基本方式之一。

阻碍和转移型言语虐待也是施虐者的自我保护，他以此来控制人际关系。通过避开正在谈论的话题，他可以避免揭示自己行为的真相。这样他就可以维护自己的理想形象，减少内心深处的恐惧。施虐者要控制谈话，会使气氛紧张，一些施虐者会用愤怒的口吻结束谈话："我们都扯到哪儿去了，不要继续谈下去了。"

转移情绪是指责和责备型言语虐待的一种重要特征。施虐者指责伴侣有错误，要求伴侣为他的情绪负责，以此逃避自己的责任，维护自己的理想形象，为言语虐待找到正当理由。

施虐者还有一种方式来寻求自我保护、掩盖内心潜在的自卑感和无权感，这就是吹毛求疵，对伴侣妄加评论。通过这种方式，他表明了自己的优越地位和正确性，进一步巩固了自己的理想形象和完整的自我保护体系。

施虐者还用玩笑的方式掩盖言语虐待现象，这是一种隐蔽的敌对行为，是他达到目的的又一种方式，它带给施虐者控制别人的快感。施虐者用早已准备好的指责否认自己的虐待行为，他会说："你真开不起玩笑。"这羞辱了受害者，却让施虐者感到自己高人一等，感到更有权力，就像完成了一次近距离的射击，既没有危险，又稳操胜券。

浅薄琐碎型、暗中破坏型、威胁型和辱骂型言语虐待也都是自我保护的方式，它们是施虐者玩弄的游戏规则，以此来伤害和贬低他的伴侣。

当施虐者的痛苦映射变成了普遍行为时，他认为伴侣是自己的延伸，是自己的一部分——就像戴在手上的手套——受他的控制，服从他的命令。只要能控制对方，他就可以自我保护，使自己不受那些痛苦经历的影响。

施虐者容易遗忘发生的事情，这既对伴侣形成敌对行为，又可以使自己逃避责任，从而维护自己的理想形象，进行自我防御。

所有类型的言语施虐者都否认在童年曾受到过精神创伤，否认自己对伴侣有敌对行为，维护自己理想的形象，不断对伴侣投射自己的痛苦情绪，逃避自己的责任。

除非施虐者能够认真反省自己，否则，他觉察不到自己欠缺的东西。如果他真能反省自己，那么他将面对自己的"丛林之兽"——会发现自己过着一种疲惫的、了无生趣的生活，且深陷其中不能自拔。除非他自己想通过艰苦努力，通过诊疗来改变自己，否则，从某种程度上来说，他只能过这种生活，再者，他头脑中只有自己一个人的想法，不能接受别人的任何观点——这是施虐者最大的悲剧。

第十六章

一些有效的治疗方法

> 越来越多的人采取措施一步一步地剥夺作恶者的权力，重建自己的生活领域，改善生活质量，进一步明确自己是什么样的人——这一切都使我备受鼓舞。
>
> ——米歇尔·怀特

◎ 心理咨询师的帮助

我相信你是最了解自己经历的人，所以我并不认为一些看似权威的人——比如专家可以告诉你应该怎样做，或者评判你的感觉是否真实。但我相信，如果一个心理咨询师或者婚姻顾问支持你的观点，会让你更加警觉，获得更多的力量。如果他还支持你"寻找差异"——即把别人对你的看法和你对自己的认识区别开来，对你尤其有帮助。除此之外，一个优秀的心理咨询师能帮助你发现内在的自我力量。加强这种力量，你可以更容易按照自己的方式生活——完全按照你自己的节奏生活。

本章要讨论的治疗方法主要是针对女性受虐者——不是因为男性没有受过言语虐待，而是在我了解的成千上万的夫妻关系中，大多数是男性试图通过言语虐待控制女性。如果有男性受到言语虐待，他们的困惑和解决问题的方法和这本书中描述的女性是一样的，这本书还会让他们明白，自己并没有"发疯"，可以松一口气。尽管经历不同，但言语虐待行为带来的后果是一样的。

阅读本书的心理咨询师必须明白，"施虐者"一词指的是"一个人在一件或多件事情中实施言语虐待"。"虐待"是指试图贬低或操控另一人的行为，主要针对对方的兴趣、行为和创造力等等。本书中用的"言语虐待的伴侣关系"，是指在伴侣关系中存在压迫和被压迫的行为。

◎ 治疗方法

在过去的一百多年中，言语虐待的治疗方法在不断发展。我在本书中所提出的观点和看法，不仅可以给面临言语虐待的人们提供帮助，同样适用于心理咨询师和普通读者。

这些观点是在我了解了成千上万的言语虐待案例之后形成的。我阅读了大量心理咨询师处理言语虐待问题的报告和资料，了解了这种方法的理论体系，并与心理咨询师进行交谈，在大量的调查工作之后，才提炼出了这些观点。如果你对口述式疗法更感兴趣，本章提供的资料无法充分满足你的要求，你可以再阅读有关图书。

在与心理咨询师谈话的过程中，我不认为心理咨询师应该采取中间立场，我也不认为他们可以支持一个人而反对另一个人。相反，我认为他们应该根据不同情况，随时调整立场。

我建议受到言语虐待的人去找口述式的心理咨询师咨询，不仅是因为这种方式不带等级偏见，可以考虑到真实的情况，还因为它建立在一种建设性的理论之上。这种理论接受我们的特征和对自己的看法，至少综合了大家的意见。通过这种方法，我们可以在整个社会背景下塑造自己的特质。

心理咨询师可以有效运用这一建设性的方法鼓励受到言语虐待的人积极改变自己的生活。不论是正在遭受言语虐待，还是曾经遭遇过言语虐待，如果想得到心理咨询师的帮助，弄清自己的生活状况，都可以从这种非命令式的有效方法中受益。如果你不仅仅遇到言语虐待的问题，比如还有某些生理特征失衡，那需要和心理咨询师一起来判断是否需要做全面检查。

理解言语虐待的本质特征可以帮助你认识其他虐待行为，比如，一个受过性虐待的孩子容易忍受言语虐待。对于一个曾经遭遇过感情痛苦和精神折磨的人来说，她受到伴侣的虐待时，能够清楚地辨别出他对自己说了什么，做了什么，也就很容易去了解事情的真相。

如果你是一位心理咨询师，经常为过去或现在处于言语虐待关系中的夫妻或个人诊治，你就应该明白，患者的情感和肉体的安全是你最应该关注的事。为了获得有用的信息，你可以参加妇女保护团体组织的志愿者培训，或者参加与妇女保护有关的男性学习计划。如果你还没有这样做，我建议你赶快行动，即使你并不做志愿者工作，这也会让你获得一些新的信息，有助于你为别人提供咨询服务。

家庭暴力志愿者培训计划以及相关的男性学习计划，对于解决存有言语虐待现象的家庭中的问题很有帮助。有些施虐者也在努力摆脱虐待，但有许多现实和社会文化方面的困难摆在他们面前。还有，有些人不能对自己的行为负责；有些人又不肯放弃他们的虐待行为。对他们来说，上述计划是解决问题的开始。

言语虐待和肉体虐待都是控制对方的一种策略。一个人如果能理解肉体虐待，那么她也就可以认识言语虐待了。同理，如果一个人对言语虐待形成了正确的认识，在她受到肉体虐待的时候，会确信自己不应该为伴侣的虐待行为负责，也相信自己不应该受到任何指责。所以，认识言语虐待至关重要。当然，并不仅仅是认识了就能制裁施虐者。

简单来说，言语虐待和肉体虐待性质相同，只是表现为不同的形式，它们都是支配权力的一种策略。因此我相信，一个言语虐待者，如果参加了妇女保护团体组织的男性学习计划，他将受益匪浅，即使他没有肉体虐待行为，对治疗言语虐待也是一个有效方案。此外，虐待行为一旦确立为事实，心理咨询师一定要分别对待施虐者和受虐者，这一点非常关键。

一般来说，实施这些计划的人和团体对言语虐待现象都有一定了解，例如，加利福尼亚纳帕市的全国男性反对暴力计划和圣拉菲尔市的玛丽亚受虐妇女服务机构提供了大量的资料，对《言语虐待的受害者开口说话》一书的写作提供了很大帮助，这本书描述了与各种言语虐待类型相关的行为。

◎ 摆脱父权思想的影响

我们仍然生活在父权社会的文化背景下，妇女从属于男性被认为是理所当然的。当我还年轻时，我认为父权思想是老年人的一种思想——类似"女性无选举权"的思想，并且是旧时代特征的一种体现。但现在我明白了，父权思想——一个错误的理论体系，对男性和女性的理解完全失去了人性——时至今日，仍然对我们乃至整个世界的文化都有着巨大的影响。当然，这并不是说一个言语施虐者就不受其他因素的影响（比如，偏执等因素也能影响他）。

心理咨询师可以帮助施虐者认清父权思想是如何影响他的生活，又是如何教他压迫别人的。

下面的例子从最普遍意义上解释了父权思想如何影响伴侣关系——在它的影响下，伴侣关系甚至只能成为一个幌子，实际并不存在正常的伴侣关系。当一名女性对伴侣的言语虐待行为说"不"的时候，例如"我不想别人命令我"，或者"我不想别人告诉我怎么做"，她是在对父权思想提出挑战。受父权思想影响的施虐者，会认为这是对自己的挑战（而不是对父权思想的挑战），他可能认为自己必须与她战斗（而不是与父权思想战斗）。我们知道，受虐者只是要求不再受到虐待、命令和批评，只是想建立一种更和谐、更亲密的关系，而她的伴侣则在寻求胜利感。他完全接受了父权思想——在某种意义上，他成为父权思想的朋友而不是他妻子的朋友。

阿伦·杰肯斯说："许多言语施虐者不承认自己在对待妇女和儿童方面存在着男性至上主义和陈旧的两性观念，他们认为自己平等、公正地对待家庭成员，且经常感到自己没有权力，认为他们的伴侣存在压迫、控制和不公正的倾向。"（1990）

如果施虐者认为自己是"受害者"，他会指责受虐者是作恶者。此时受虐者会认为："如果我只是表达了不同的意见，他不会贬损我、怒骂我，或者命令我。"也就是说，她认为自己做错了什么，才招致伴侣的言语虐待。施虐者实际上让受虐者接受了他那种毫无意义的父权思想——这样他就可以摆脱责任，而让伴侣为他的行为担责。

杰肯斯还说："男性施虐者有各种类型，从安静的、被动的、极力避免冲突的人到盛气凌人的、经常展示自己的权力和地位的父权主义者都可能是有虐待倾向的人。男性要求扩大权力，回避或者依赖某些社会情感，都是言语虐待倾向的明显反映。"

◎ 找出存在的"问题"

夫妻两人去找心理咨询师或专家咨询，说他们之间"不能很好地相处"，或者"最近吵架了"，他们想"改善彼此之间的关系"，想让"夫妻关系更好一些"。他们想要找到问题的症结，这对接待他们的专家或顾问来说也是有困难的。

有时会是一位女士单独来咨询，她可能感到压抑，没有幸福感，或者自认为不能很好地理解伴侣。

如果一个心理咨询师几个月来每周都接待同一对伴侣，但不知道他们之间存在着言语施虐关系，这是不正常的。当然，这与来拜访的对象也有很大关系，有的夫妻可能谁都没有认识到这个问题；有的认识到了，但都在极力淡化它；有的是受虐者害怕提及这样的问题会受到更多的虐待。这会让有些专家难以注意到两人间存在的虐待现象。有些女士向我诉说，如果她们在心理咨询师那里谈到她们受到了虐待，回到家中甚至在回家的路上就会受到更严重的伤害。另外一些女士认为，只要她们去找专家或心理咨询师咨询，就会发现"问题所在"，只要纠正了"这些问题"，就不会再遭受言语虐待。

"问题"总是存在，不管是言语虐待还是肉体虐待，都有同样的问题。

在这方面，很多传统的咨询师实际上被培养成病理学专家，认为来咨询的人本身有问题，而把自己看作这方面的专家。有些心理咨询师会坚信自己对咨询者已有客观的了解和正确的看法，而不管咨询者是怎么想的，有些什么看法。

有些心理咨询师喜欢指导咨询者，认为自己知道对方该做什么，怎么做。请受虐者记住，你的意见比别人的意见要有意义得多。你的变化要建立在你自己感觉的基础上，这样才能发挥更持久、更有效的作用。心理咨询师常常这样对咨询者说："你不了解自己，而我对你却十分了解，因此我要对你负责。我可以给你提出建议，指导你该怎么做。"这种医患之间的治疗关系也成为一种控制关系，是处于状态Ⅰ之下的一种治疗结果。

一个曾经对妻子有过言语虐待的丈夫写信给我说："我们俩去夫妻关系咨询中心已经好几年了，但我们的心理咨询师从来没有意识到我们之间存在着言语虐待行为。"很多女性也写信告诉我，咨询过程中有时也会发生言语虐待，但心理咨询师对此没有反应，甚至还有很多女性说，她们在心理咨询师那里也受到了言语虐待："你自己也有责任！""这是你们两个人之间的事！""你们就不能不吵架吗？"

当然，对大多数咨询师来说上述事情不会发生，一般他们都能看到言语虐待关系存在的原因。对一些心理咨询师来说，在他们的学习过程中，没有人受过如何应对伴侣关系中的控制策略和压迫问题的训练，他们也没有这方面的生活经历。

有些心理咨询师看不到文化环境和父权思想对伴侣关系的影响，认为受虐者如果能够更加独立或者自主一些，就不会再受到言语虐待了。这些心理咨询师认为："如果你改变，他就会改变。"但是他们没有认识到人的自主权问题，他们用一种对这种伴侣关系并不适合的模式来衡量它。例如，有些心理咨询师是在正常的家庭中长大的，他们把伴侣关系看作一个生物系统："如果这个系统中的一部分发生变化，那么其他部分也会发生变化。"他们不知道，如果伴侣关系中的一个人不断要求获得控制别人的权力，上述观点是毫无帮助的。这与建立在相互交流基础上的伴侣关系模式不同，那种模式下的双方都会尽力去满足对方的要求。

系统治疗言语虐待的方法，例如口述式治疗法就承认人的自主权。系统理论把一些问题解释得很清楚，人类社会是一个自主、独立、灵活的系统。同样，生态系统中所有的"组成部分"都是自主、独立的。

我们通过行使自由选择权来行使自主权。一个人可以选择听从别人的意见并做出反应，也可以选择不听从、不反应，也就是说，如果你改变了，你的伴侣可以不改变。例如面对贬损，你说："我不希望你对我那样说话。"施虐者可能不理睬你的要求，仍一如既往地实施虐待，也有可能会考虑你的要求，寻求改变。但是，怎样反应都是他的自由。

一般来说，口述式治疗方法或状态 II 下的治疗方法都是在社会文化背景之下给言语虐待问题定位（这种社会文化已经成为个人的内在特征），这种疗法往往原谅施虐者的种种表现。例如施虐者因为有权力控制欲、想寻求更大的支配权、认为自己高人一等，所以试图控制别人，而这些现象会不经意地传给后代，因而渐渐形成了某种社会文化特征。

一个口述式心理咨询师认为，人类生活模式是在文化环境之下形成的，当人们为了适应固定的文化模式而走极端时，问题就出现了。心理咨询师可以指导人们对这些问题进行分析，然后做出选择。口述式治疗方法不应采取传统的方式，心理咨询师不应该觉得自己的地位比来访者高，应该与他们建立相互交流、相互配合的治疗模式。

◎ 心理咨询师的询问式治疗

通过询问咨询者，心理咨询师可以了解每个人对下面这些问题的实质性认识，以及他为什么会有这些认识。在整个社会文化背景之下，以性别为特征讨论这些问题，确立一些基本概念以及解决方法，才能认识到问题出在哪里，以抵制那些对这些问题有错误认识的人。

下面我将心理咨询师可能问到的各种问题按不同类型列举出来，从中可以看到，只是单方面支持的行为和双方相互支持的行为造成的后果有所不同，前者阻碍伴侣关系的良性发展，而后者则促进其良性发展。

当一位女性约见心理咨询师时这样说："我很不幸福，最近总是感到受到压制，我觉得不能和丈夫很好地相处。"心理咨询师可以问下列问题，以便更好地了解咨询者：

♥ 在你感觉你们之间相处得不好时，发生了什么事？

♥ 你是不是有时也觉得你们之间相处得还不错？

♥ 你注意到你们之间有什么不同了吗？

♥ 你能说得详细些吗？

♥ 你能告诉我他是否对你感兴趣——比如说你的思想、你的意见、你的计划等等？

♥ 最近一个星期你们过得怎么样？

♥ 你听过他这样说吗？

通过上述提问，如果心理咨询师感觉存在言语虐待问题，那这不是受虐者的事情，此时要施虐者考虑以下问题：

♥ 言语虐待是怎样影响你们生活的呢？

♥ 你生活中的大部分时间有言语虐待行为吗？

♥ 言语虐待是如何发生的？

♥ 言语虐待从什么时候开始影响到你的生活？

♥ 如果言语虐待这样继续发展下去（经常出现或者带来很多麻

烦），你认为从现在开始五或十年内你的生活会是什么样子？

💜 如果你想避免言语虐待的发生，想在以后说话时非常注意，那么你认为自己应该怎么说话？

心理咨询师可以帮助施虐者对自己的行为形成正确的认识，引导他思考：在父权主义的文化背景下，他对自己的伴侣关系有什么看法，这些看法与正常的伴侣关系状态又是如何冲突的。

对于采取口述式治疗法的心理咨询师来说，夫妻间的谈话几乎没有不受父权思想影响的。心理咨询师应该认为，滥用权力实施言语虐待的一方应该对这种家庭状况负责。

口述式治疗法应该使施虐者认识到以下这些问题：

1.让施虐者认识到他的行为是言语虐待行为。

2.让他设身处地为伴侣着想，纠正言语虐待。

3.让他对自己的行为负责，不再实施言语虐待。

施虐者的行为是由他自身的信念支配的，心理咨询师应指导施虐者，让他反思自己的信念和想法，以及这些想法对伴侣和伴侣关系的影响。心理咨询师应该提出一些问题，揭露男性统治的父权思想。问题列举如下：

💜 如果伴侣抵制你的想法，你会如何反应？

💜 你希望支使伴侣，你知道这对她的影响吗？

💜 当伴侣的意见和你的不一致时，会发生什么事？

💜 你坚持贯彻到底的这种想法能使你们的关系更加亲密吗？

💗 当你希望战胜她时，你怎样抵制自己的这种想法？

💗 你和你的支配欲，哪一个更占上风？

💗 如果你的支配欲占上风，你认为会发生什么事？

💗 当你获胜的时候，你有什么感觉？你怎样设法来控制自己的支配欲？

心理咨询师提出这些问题可以将言语虐待的责任归于施虐者，并使施虐者对自己的行为负责。

心理咨询师引导一个有言语虐待倾向的人来回忆一段他没有对伴侣实施言语虐待的时光，并和他讨论这种例外的意义和重要性，这对施虐者来说是很有帮助的。

心理咨询师可以引导施虐者回忆一些其他时间或场合的行为，比如，与伴侣刚约会时，或者在老板办公室时，让他考虑在这些环境中他是如何行事的。这种方法能让施虐者看到，自己在不同的时间和场合内行为方式不同，从而可能意识到自己对伴侣的虐待行为是不能原谅的。

一个使用口述式治疗法的心理咨询师可以让施虐者将他的思想（想维持与妻子的伴侣关系）与行为（用虐待的方式控制这种关系）区别开来。我们的目标是帮助施虐者对其自身的价值形成健康的认识，对自身价值的评价不应建立在权力控制、压制、优越感、认为自己高人一等的自我认识的基础上。

心理咨询师可以引导施虐者讨论他对相互交流的理解，此时他可以问："相互交流对你来说意味着什么？你认为对伴侣来说它有同样的意义吗？"

一旦施虐者意识到父权思想对伴侣关系的破坏性作用，就可以将父权思想从他们的关系中清除，心理咨询师此时应引导他站在反对父权思想的立场上，要他时刻保持警惕，只要感觉这种思想出现，就立即将它压制下去。心理咨询师可以引导施虐者思考，当父权思想对他喜欢的处事方式（非虐待性）形成挑战时，他会有什么感觉。只是，要施虐者形成这种认识需要花费很长时间，除非他认识到言语虐待问题，并在男性学习计划的帮助下，意识到他应该为自己的行为负责，他才能够开始反对父权思想的影响。

如果施虐者不想对自己的行为负责，比如他辩解说"是她导致了这种事情的发生，因为她我才这样做的"，那么今后两个人的关系将会是他的伴侣仍处于从属地位，而他将继续实施言语虐待。

一些有言语虐待倾向的人，在原来的伴侣离开后仍不改旧习，甚至在和新伴侣约会时就有言语虐待行为。心理咨询师可以告诉他，他现在的行为不是想建立一种伴侣关系，而是想占有和拥有她，是父权思想的体现。

即使当一个施虐者意识到自己的言语虐待行为而想要停止，他依然要为此付出很多的努力和时间。而且即使他已经不再有言语虐待行为了，受虐者精神上已经受到了极大的创伤，她很难重新与施虐者建立起正常的伴侣关系，在头脑中也很少有这种想法。

心理咨询师可以先引导施虐者，让他认识到父权思想对伴侣关系的破坏作用，并引导他抛弃这种思想，不再伤害他的伴侣。最后，施虐者必须形成这样的想法：必须放弃言语虐待，因为我不想做一个有言语虐待行为的人。

◎ 下意识地否认

在伴侣关系中，施虐者否认自己有言语虐待的行为，基本上就阻碍了所有制止言语虐待行为的努力。它就像一个自动防护系统，可以完全用心理学的术语来解释。因为论述的需要，我们可以将施虐者的心理简单描述为："我没有做过任何不对的事。"而且，施虐者完全不顾真实情况，非常相信自己的想法。

下面这个例子表明，如果一个施虐者经常否认自己有言语虐待行为会是一种什么情形。

一位临床心理医生多年来一直与家庭暴力打交道，一些男性在家庭中对他们的伴侣实施暴力后到他这里来寻求帮助，希望解决他们的问题。这位医生决定去参加男性学习计划，一是想看看这些计划是如何发挥作用的，二是希望能获得一些有用的知识，为前来向他咨询的人提供帮助。他希望帮助咨询者认识到应该为自己的行为负责，解决他们的虐待问题。但是，参加这个学习计划后，他却惊讶地发现，自己竟然也是个虐待者。

这位男士在全国的电视节目中讲述了他的故事，这需要极大的勇气。他的故事说明了一个事实：施虐者常常在不自知的情形下否认自己的言语虐待。一个人的想象不仅可以欺骗整个世界，也可以欺骗自己。

施虐者否认自己有言语虐待行为，这会让伴侣极其纠结。此时她受到了双重虐待——一是受到了真正的虐待，另一个是施虐者否认自己的虐待行为。很多受虐者强烈要求施虐者亲口承认他的言语虐待行为没有正当理由——那仅仅是一种虐待！但施虐者往往不会这么做。然而，如果把施虐者的话记录下来，让他们读一读他们说过的话，部分施虐者可能就不会再否认自己的虐待行为了。他们可能第一次认识到，原来自己真的说过"那些话"。

施虐者认识到自己有言语虐待行为后通常会很震惊，他们经常说的第一句话是"我是一个很严肃的人"（这让我感到很惊讶，因为那么多施虐者说了同样的话）。我前面已经讨论了父权思想的种种表现，比如高高在上、支配别人和控制别人，施虐者会逐渐认识到自己就是那样的人，也曾有过那样的行为。如果他的头脑中形成了对自己的新看法——他的"严肃"或者他的"过去"导致了他的行为，他又可以逃避责任，这次他不是将自己的行为嫁祸到伴侣头上，而是归因于自己的"严肃"——这是他的自然状态。

尽管施虐者的"过去"或者"文化环境"使我们理解了什么因素导致施虐者的言语虐待行为，但是，他们的责任是不可推卸的，他们应该为虐待行为负责。

约翰·斯托坦博格说："有些人对施虐者进行研究，试图解释他的虐待行为和暴力行为的原因，事实上他们有时在为施虐者辩解，'事情还能怎样呢？看看他是怎样长大的吧！'这就意味着医生的治疗和研究的某些成果都可能使施虐者逃避伦理责任。"

◎ 小心那些起不到治疗作用的方法

吉尔读了这本书的第一版后，写了一封信给我，下面是这封信的节选。她的丈夫是杰克。

当我读到你的书时，我发现生活开始发生了变化。根据这本书，我所面临的问题一目了然，这是我第一次可以清楚地说明自己的问题。一直以来，虽然在我的内心深处，我对自己所面临的问题已经有所认识，但就是不能清晰地表达出来，现在终于明白是怎么回事了。

我以前读到的有关知识都告诉我，如果家庭不幸福，问题一般在女性，因为女性都太细心，太投入。我对这些观点深信不疑，认为对夫妻关系负责、对丈夫的行为负责是一个妻子"应该做的"。

每当杰克指责我时，我会耐心地向他解释："不，我不是想这么说，也不是想这么做。"我认为我能够让他明白他在做什么，我相信他只是由于童年受到过言语虐待的伤害，因而会忽视某些问题。我想，如果我是一个"真正的女人"，就可以让他看到问题所在——我希望不再受到言语虐待（注意：这是一个受到父权思想影响的女性的想法）。

但不管我多么努力，他都继续实施言语虐待。我想，不管是作为一个人，还是作为一个女性，我都失败了。

但是现在，一切都不同了。我意识到，之所以存在问题，并不是因为我的理解力不够、我的表达力不够、我的忍耐力不够，也不是因为家庭背景和我们的关系本身，而是因为存在言语虐待问题。

阅读完本书后，我第一次知道自己不应该为言语虐待现象负责。他才是罪魁祸首，才应该为这个问题负责。我开始感觉到自己的力量。

当他像平时一样走进我的房间，又想指责我时，了解了很多新知识的我已经变得很有自信，我直接对他说："闭嘴，杰克，让我清静会儿。"

我的话让他非常震惊，他站在那里，一句话也说不出来。他的言语虐待第一次被制止了。

他离开了我的房间，但一会儿又回来了，表情十分古怪，他说："你刚才跟我说话的态度，好像是以我的游戏规则跟我说话。"

他的话让我感到无比震惊：天哪！我结婚11年了，在这11年里，难道他只是在跟我玩游戏？！我的整个婚姻对他来说只是一场权力游戏！他并不是一个天真的受害者，在无意中将自己受到的言语虐待施加到我身上，而是一直故意想控制我？！这些话在我头脑中翻滚着，但我并没有将它们说出来。

他继续说："我也不想这样做，我希望有人能帮助我改变这种行为。"

这说明，改变我们关系的机会来了，此时，一个好的心理咨询师是至关重要的，我的丈夫可能随时会倒退，恢复他的言语虐待行为。

他同意和我去做心理咨询。我找到了一个著名的心理咨询师。如果个人去咨询，他非常优秀，如果夫妻二人一起去咨询，他就不那么理想了。他看待问题不分性别，因而也看不到男性滥用权力的现象。他不理解伴侣关系存在言语虐待的内在原因，也不认为言语虐待是个问题，他认为只有肉体虐待才是大事。结果很糟糕，他伤害了我，但我肯定他不是故意的。

刚开始，杰克认为对我的言语虐待是他的问题，愿意完全负责，但是心理咨询师认为我们双方都有弱点，彼此都有责任。而且，心理咨询师并没有认真了解我的经历，这些经历在你的书中都有描述，我已经把这本书送给他了。他对我的态度，我想可以这样理解：我们是他的病人，而他，是高级精神问题专家，我怎么能给他提出建议？提出建议是他的工作，而不是我们的。

他为我的丈夫制订了一个行为计划，称对这个计划我也要负一半责任。我立刻问他：为什么要我为丈夫的行为负责？如果在一对夫妇中，丈夫对妻子实施了肉体虐待，你会怎么做？你是否也建议受虐者要负一部分责任，尽管这根本不是她的问题？

"不，"他告诉我，"在这种情况下，我会将他们夫妻二人分开，支持女方，同时纠正男方，焦点会集中在男方的暴力倾向上。"

我告诉他："这两件事在起因上没有什么不同，它根本不是我的问题。为什么你要强迫我为这个问题负一部分责任？你这是性别歧视。"

"吉尔，"他对我说，"你刚才说的是肉体虐待，而你们的问题是言语虐待。这不是同一类型的事情，你只是太敏感了。在生活中，你不应该斤斤计较、心事重重，该放下的就放下。"

我和咨询师都知道，我们之间存有分歧。但不幸的是，本来我的丈夫已经接受了我的意见，要百分之百地为自己的虐待行为负责，但在听了心理咨询师的话后，他非常高兴，要放弃原来的想法。他发现了一个新盟友，支持他将自己的责任转到我身上。不管怎么说，他的虐待行为加剧了，这非常可怕，他好像觉得自己有正当理由了，甚至认为自己是受心理咨询师的指示才这么做的。

我从来没想到自己会受到一个心理学家的言语虐待，本来我还指望从他那里得到帮助呢，但是，这就是现实中发生的一切。

◎ 找到适合自己的心理咨询师

我经常采访一些人，询问他们人际交往的内在动力和言语虐待的实质，鼓励他们弄明白他们听到的以及说过的话。如果他们仍然需要心理咨询师的帮助，我会给他们介绍一些能真正理解言语虐待问题的心理咨询师。

很多医生，包括精神病学家、心理学家、婚姻家庭和儿童问题的顾问、为社会工作的临床医生，在诊治过程中用到过我的书，并向他们的病人推荐。我也收到了很多来信，他们都说："我的心理咨询师建议我读你的书，他很了解我所经历的事情。"可惜的是，这些读者并不总是告诉我，谁是他们的心理咨询师。如果你认为你的心理咨询师很不错，你一定要向我推荐，包括他的姓名、住址和电话。

有时我会接到电话、信件或电子邮件，要我推荐他们所在地有哪些优秀的心理咨询师。我总是非常乐意把他们介绍给那些我熟悉的、与我合作过的心理咨询师，或者是其他人向我推荐的心理咨询师，但是我并不能完全保证让他们满意。

如果你在找一位能帮助你的心理咨询师，我建议你尽可能多地和几个心理咨询师会面，直到发现一位你感觉不错的，再进行深入探讨。

下列心理咨询师我不会选择：

💙 他们认为言语虐待与肉体虐待不一样，不存在暴力问题（这种心理咨询师显然缺乏专业训练）。

💙 他们不能正确地理解父权思想、权力和性别（这种心理咨询师对言语虐待行为往往视而不见）。

💙 他们认为受虐者在任何情况下都要为施虐者的言语虐待行为负一定的责任（他们的治疗总是以虐待受虐者而告终）。

💙 他们不会十分在意受虐者的经历，原因在本书中已经谈过了（他们自认为具有"专业"知识，认为受虐者的自身体验毫无价值）。

💙 他们的治疗场所封闭、狭小，无法采取有益的、双方都合作的治疗方法。

所有这一切，需要你自己做决定，因为只有你最了解自身的经历。

第十七章

帮助孩子正确应对言语虐待

> 如果我们将自己的孩子都看作上帝之子，那世界将会是什么样子——我们究竟可以做什么？
>
> ——爱丽丝·米勒

很多人提出的问题围绕着孩子。

例如：

💗 我怎样才能鼓励孩子，让他建立起自尊心？

💗 当孩子受到另一个孩子或者大人的言语虐待时，我该对他说什么？

💗 当孩子对我破口大骂时，我该如何反应？

💗 孩子该怎样处理和同伴的言语虐待问题？

💗 我在我的伴侣关系中受到了言语虐待，我打算离开这个让我伤心的环境，该怎样对孩子说？

💗 如果我和以前的伴侣共同监护我们的孩子，我该如何保持独立？

这些问题没有完美的答案，我能给出的只是一些建议——这是人际间相互交流的一些有效模式，它们可以帮助你的孩子赢得自尊，保护他们不受情感或者精神的折磨。

◎ 种瓜得瓜，种豆得豆

如果父母有非常大的生活压力，对孩子的影响就应该引起足够的重视。人的心情一旦焦虑，难免会不平和，情况一紧急，许多做法也就难免草率。即使他们有时间思考，也难以想出最合适的办法，因为他们的头脑已经很混乱了。

所以，父母应该时刻提醒自己，对待孩子要友善，要尊重，哪怕是自己有压力、很烦闷，也应该这么做，这对孩子的成长来说很重要。当你在内心足够尊重孩子时，这些尊重就会从你的话语中体现出来。

很多城市有专门为父母们开的培训班，很多书店里也摆有如何培养孩子的书籍。有时候在两种方式之间是很难选择的。书本上的大部分标准是培养你对孩子的尊重，如果你依照它们来培育孩子，给孩子更多的爱和关心，理解并认可他们的感觉，对他们诚实，鼓励他们自立，那么，在他们长大后，你看到的将是一个个充满爱心、理解他人、诚实可靠、独立自主的成年人。

有时，来自工作的压力或者来自家庭以外的言语虐待等都会对孩子产生影响，孩子可能以意想不到的方式行事。你不要急于责备自己，要尽你的努力挽回。当有疑问的时候，你可以去父母培训班、家庭问题专家或者你敬仰的其他人那里咨询，从他们那里获得帮助。

◎ 满足孩子正当的要求

我认为培养孩子自信的最好方法是，当孩子表现出哪方面有能力，对什么事情感兴趣时，父母就应该满足他们的正当要求。父母可以说：

"你想自己用这个汤匙吗？"
"自己系鞋带吧，我等你。"
"你想自己做花生黄油三明治吗？"
"应该这样用洗衣机。"

◎ 更多的表扬

　　孩子对表扬很敏感。所有的孩子生来都是善良、好奇的，也都具有自发性。每个孩子都有自己独特的能力和兴趣，作为父母，你的职责就是关照孩子，给予他们需要的东西。你要注意你的孩子喜欢什么——音乐、舞蹈、长跑、明亮的色彩、安静的环境等等——你要引导、培养孩子的兴趣，即使你可能对它们并不感兴趣。你可以通过以下方式对孩子表示欣赏：

"多美的画啊！"
"告诉我你最喜欢什么书。"
"看起来你做这件事时很用心。"
"你做完这件事需要一些时间吗？"
"你能安静地听我说完，我很感谢。"

◎ 适当的限制

　　良好的沟通包括给孩子一定的限制，这些限制会让他们感到安全和被爱护，并在自己长大后，也会给自己设定一些限制。他们童年时学会了什么，成年后也会怎么做。

你可以在考虑到孩子感受的情况下给孩子设定一些限制。比如，到了睡觉的时间却不想上床，或者想要一件自己没有的东西，这都是很正常的，但是必须限制他们的欲望，限制他们索要东西的数量和种类。作为父母，你应该鼓励他们认识到这一点，你可以说：

"我知道你现在不想上床，但你是一个五岁的孩子，这个时间你应该睡觉了。准备好了吗？我们讲个故事怎么样？"

"我知道你想看电视，但这不是儿童节目，我们换一个怎么样？"

"这不太好。"

"当你尖叫的时候，我听不懂你在说什么，我要听你好好说话。"

"让我们来讨论一下。"

"告诉我你想要什么。"

"不，我今天不会给你买任何玩具，因为我昨天已经给你买过了。"

"我也希望你有这件东西，但我没钱给你买。"

◎ 给孩子选择的机会

只要有可能，一定要给孩子选择的机会，这尤其需要引起父母的注意。很多父母喜欢这样说："不管喜不喜欢，你就得穿这个！"如果孩子很早就懂得自己有选择的权利，并且知道要为自己的选择负责，那他会在将来的生活中做出更好的选择。下面我举了一些例子，告诉你怎样给孩子提供选择的机会：

"你想吃玉米还是豆子？"

"白色的帽子和黄色的帽子戴着都很好看，和裤子也很配，你想戴哪一项？"

"这是学校的菜单，你想去学校买午餐，还是自己带？"

"在学生时代，你想做些什么呢，是运动还是参加摄影俱乐部？"

"你想邀请谁参加你的生日晚会？"

◎ 帮助孩子正确应对言语虐待

虽然父母想保护他们的孩子，但有时他们可能不知道如何照顾孩子的感受。例如一位女士写信给我说："我的祖父经常对我大喊大叫，严厉指责。父母告诉我，不要受他干扰——不要理睬他。当他去世后，我真的很高兴。"她的父母正确的教导应是："他说得不对，如果他再这样对你，你过来和我在一起。"父母还应该告诉施虐者："你对我女儿说的话不合适，我不想让她再听到这样的话。"

如果谈话过程中施虐者继续对孩子实施言语虐待，带着你的孩子离开，你应该肯定孩子的感觉（比如孩子表达"当他这样讲话的时候，我受到了伤害"），并且要再次向他强调那个人说话的方式是不合适的。

如果有人对你的孩子大喊大叫或者表示蔑视，不管他以什么方式，这时孩子都需要你的支持。有时父母无意中也会教会孩子应对言语虐待，你可以问自己："我说过的话会否认言语虐待的影响吗？"有时这样做是很有帮助的。

如果父母告诉孩子"他不是那个意思"，这个孩子的体验就遭到否定，痛苦被轻视，虐待的影响被削弱了，而孩子学会了忍受这种虐待。

一些人经常教导孩子忍耐，而忽视了言语虐待的影响，他们会说："忘了吧，那天他可能心情不太好。"这样的劝导似乎可以解除孩子的痛苦，却将伤害留在孩子的内心深处。这简直就是制造混乱。（难道心情不好就可以成为实施言语虐待的正当理由吗？）

当你了解了孩子的感觉，并对言语虐待做出适当反应时，你就肯定了孩子的体验。你是一个非常重要、可以理解他的目击者，你用这种方法教会孩子对言语虐待做出恰如其分的反应，让他信任、尊重自己的感觉。而如果你只是告诉孩子不要理会别人说什么（很多男孩子经常被这样教导），这并不是一件好事，它会使孩子产生自我怀疑。

根据孩子的年龄以及对言语虐待需要做出的反应，孩子要学会正确应对言语虐待，大人应该言传身教。即使是年龄较大一点儿的孩子，也需要获得父母的情感支持。"我会站在你身边"是每一个孩子都希望听到的话。

孩子们不仅常从大人那里遭到言语虐待，他们彼此间也会有言语虐待行为。当一个孩子被同伴贬损的时候，他最有效的回击方式是说"这只是你说的"。强调"你"，表明我不接受你的意见。这种反应通常会使那个孩子感到惊奇，因为他的话暗含了"我不买你的账，那只是你说的，你必须为你所说的负责"。

有时孩子会在拜访分居或者离异的父母时遭受言语虐待。一位女士告诉我，她儿子去看望父亲，回来后显得非常沮丧。她问儿子发生了什么事，儿子一般都会这样回答："我要是告诉你了，即使你承诺你不会告诉他，他也会发现。"很显然，这是一个很严重的问题，孩子遭到了言语虐待，感到受到了威胁，那个事件让他心有余悸。

◎ 孩子有言语虐待行为怎么办

如果孩子的话里经常表现出言语虐待倾向，你也要做出恰当反应。

针对不同的环境和不同年龄的孩子，你可以选择不同的说法，看看下列
哪一个适合你：

"这样说话不合适。"

"我不想听到你这样对我说话。"

"你用这种方式说话，我不会尊重你。"

"够了，别说了。"

"我不想在家里再听到这样的话。"

◎ 当父母分居时

在现存的伴侣关系中，你是否知道有一些不健康的东西，会对你和
你的孩子产生不良影响？如果你忽视了这些东西，是不是你幸福的希望
会落空？

如果一个孩子受到言语虐待，或者是言语虐待现象的目击者，那他
的经历是不幸的。一位女士从自身经历出发讲了这番话：

停滞不前只会伤害孩子。一般我们认为维持一段婚姻只是"因为孩
子"，认为这样做是有价值的。其实这种想法是极其错误的。不管这虐
待是针对孩子，还是孩子只是无意中被卷入虐待型的伴侣关系中，长期
来说都会给孩子带来精神上的痛苦。

孩子在言语虐待的环境中长大，他们可能会将自己的痛苦、沮丧、
困惑表现出来，用药物或者其他具有破坏性的方法来消除言语虐待的影
响，甚至还可能自杀。这其中，男孩和女孩的表现各有特点，女孩一般

比较压抑，男孩则可能更具有侵害性。

如果孩子在一个充满争执而又缺乏关爱的环境中成长，即使父母一直在他身边，也不能够使他的心理更健康。要知道，一个没有虐待行为的单亲家庭，比一个有虐待行为的双亲家庭更适合孩子的成长。

孩子需要父母尊重他们，平等地参与他们的活动，但这往往很难实现。

如果你和你的伴侣分居，应该允许孩子对这件事情发表自己的看法，这很重要。孩子可能说"我恨你"，这说明他憎恨发生的一切。他的"我恨你"不是言语虐待的表现，而是一种强烈的情感诉求。

孩子的话可能会让你感觉难以承受。但是，如果你的婚姻关系变动使你的孩子感到难过，你就应该尊重他的感受。你的正确态度应该是："听起来你很愤怒，你感觉很糟糕是吗？我不责怪你。你知道，我也不希望事情这样，我爱你。"知道孩子的希望可以帮助你对孩子的行为做出正确的反应，给予他充分的尊重。

当法庭不肯倾听孩子的心声时，孩子想要依靠自己的力量来摆脱虐待环境几乎是不可能的。

一位女士给我举了个例子，她刚刚离开那个具有言语虐待倾向的丈夫，以下是她的亲身经历：

我永远也忘不了我律师的话，当我告诉她我打算离婚时，她告诫我"法庭常常歧视女性"。

我想我可能会遇到经济上的麻烦，但是我可以保护孩子们不受伤害——我认为法庭是明白这个道理的，它应该关心人的幸福。但我错了，大错特错！一个母亲最可怕的噩梦竟变成了事实，我难以表述，在法庭上发生的事情简直难以想象。

晚上，我的两个小女儿睡在我的床上，唯恐离开我。她们知道要被迫离开了，在这一周内的很长时间里都在哭泣。小儿子回到我这里，神情沮丧，焦虑不安。他几乎每天晚上都做噩梦，梦到魔鬼要带走他。所有这些都是因为法官的判决，在整个审判系统中，那些有支配权的人都默认了这些情况。

我的女儿尖叫着："妈妈，不要把我留给爸爸……爸爸对我不好，他不喜欢我，他恨我。他是一个坏爸爸，妈妈不要把我留给他。"

当我要求她的父亲考虑女儿的恐惧和痛苦时，他竟然当着女儿的面威胁我："不要让我在法庭上将所有的孩子都抢过来。"

我被他吓住了，害怕他的虐待行为，无怪乎我的孩子们都是这样。

即使他已经结婚了，而且有虐待的事实，法官仍然判决我的孩子要有一半时间和他生活在一起。对我的请求、孩子们的哭声，法官都充耳不闻。

他们的父亲已经在向朋友吹牛，大笑着说我离开他要付出代价。他还说，他梦见我陷入严重的财务危机，我只能在汽车中生活，而他可以控制一切。我之所以知道这些，是因为他的朋友们对他的行为感到震惊，于是来提醒我他好像"发疯了"。

今天，孩子们回家时，一个孩子告诉我："妈妈，爸爸要收回我们的房子，他恨你，他要用这些下流的手段对付你。"我无言以对，不知道该怎么说他们的爸爸。

孩子们变成了他的工具，他丝毫不关心他们的情感需求。他的虐待甚至犯罪事实都如此明显，但法庭对此视而不见。

为了使法庭满意，我提议让孩子几乎每天都去探望他们的父亲，只是要和我住在一起。他反对我提出的意见，尽管他平时几乎不和孩子交流。他坚持孩子要有一半时间和他生活在一起。"这样我就不用付他们的抚养费了。"我无意中听到他这样说。

他告诉法官我在教孩子们"演戏"，他说我疯了，并写了很多关于我的材料，全是编造的谎言。他做这一切的目的只是要我付出离开他的代价。

可悲的是，法庭的判决竟然满足这样一个人的要求。以后他可能会完全不对孩子负责——这样的司法体系居然允许这种事情发生！这样的判决会把孩子们一步步推向性犯罪、吸毒和暴力犯罪的边缘，这里没有公正，一切都发疯了。

我只希望很快会有其他人指证他的犯罪行为，让他疲于应付，没有时间再来对付我了。

◎ 保持距离

很多离开言语虐待环境的女性每次看到前夫时，会再次感到受到伤害。每次当他来接走孩子，或者她去接回孩子时，就不得不再次面对这个对她进行压迫的人，她甚至会再次受到言语虐待。一位女士说："你不受到言语虐待的机会只有一半，你不知道他会出现善的一面还是恶的一面。"

一项解决的办法是把孩子放到一个中立人的家里——保姆家或者其他更安全的地方，这样能够避免你们再次相见。

◎ 通过孩子控制对方

一些离开言语虐待环境的受虐者、有时是一些离开肉体虐待环境的受虐者告诉我一个又奇怪又令人伤心的现象：施虐者根本无法满足孩子们的需要，即使他说他愿意这样做，也是不真实的，他是想通过孩子获得控制伴侣的权力。如果他完全处于状态Ⅰ之下，排斥相互交流，渴望更多的权力，那么他的控制欲仍然没有消失。在他将控制欲转移到新的伴侣身上之前，旧伴侣仍然是他控制的对象。

通过孩子他可以发泄自己的欲望，他可以告诉孩子们一些事情来达到他的目的。例如他会这样说："我爱你们的妈妈，我希望我们全家人还能生活在一起。假如很快我们能够一起生活，我想知道她现在做什么，她经常去哪里，她和谁说话，都说些什么。除了我你们不能相信任何人。"

孩子希望一切都好，他们需要爱，他们不知道自己被人操纵了。

长大后，他们或许知道了事情的真相，知道自己曾经被操纵做了爸爸的"间谍"。这些经历不仅会让他们困惑，也带给他们复杂纷乱的情感，有忠诚感，有犯罪感，还会有深深的悲伤。

施虐者的前任伴侣们都说，这种偷袭行为对孩子和她们自己来说都是活生生的噩梦。

如果你需要与前任伴侣保持距离，你要确保孩子明白这个道理：他会从中受益的。你可以给他们读下面这些材料，或者复印下来交给他们。如果你是一名教师、医生或者社会工作者，你可以将这些材料发给你见到的家长们。

◎ 当父母分居时

💗 你同父母每一方的关系都是独立的，特殊的。

💗 如果你的父亲或者母亲向你打听另一方的情况，你应该回答："我不想谈论这个问题。"

♥ 你要告诉他们，你认为自己受到了干扰和伤害，你感到困惑，
即使这些感受是父母造成的，你也要说出来。

♥ 当父母分居后，一方不应该打听另一方的隐私。

第十八章

10个常见问题

1.伴侣关系中的言语虐待是权力斗争的一部分吗？

在这本书中，我没有用到"权力斗争"这个词，但是许多畅销书中把言语虐待看作是权力斗争的一部分。这个问题值得探讨。因为在存在言语虐待行为的伴侣关系中，这个概念很容易让人迷惑。权力斗争是指两个人或者两个团体都想战胜对方，取得对对方的支配权。两个球队在球场进行的是权力的争夺，两个拳击手在拳击场内进行的也是权力的争夺，但是，婚姻不是球场，也不是拳击场。

当受虐者要求她的伴侣不要用命令的口吻和她讲话，不要对她大肆批评时，施虐者会即刻将这种要求看作权力争夺——是对其"权威"的挑战，并企图争夺胜利。而受虐者认为自己的要求只是一种请求，请求伴侣接受她、爱她，使她不再经受痛苦——她想让伴侣关系变得更融洽。

所以，对于施虐者来说是权力斗争，而对于受虐者来说，这只是她的一个小小的请求。

2.受虐者是言语虐待的受害者还是幸存者？

现在都在讨论是不是应该将受害者和幸存者视为一体，那么在存在言语虐待的伴侣关系中，受害的意义和幸存的意义又是什么呢？

我们应该明白，权力控制策略对文化和伴侣关系都会产生影响，注意到这一点，一个人就不太可能成为这些策略的受害者，就可以采取有效的措施建设美好的生活，而这正是他想要的生活。

当一位女士认识到言语虐待的实质以及对自己生活产生的影响时，她就可以找到一种方法，使自己免受言语虐待的折磨。只要她能这样做，受害者的感觉就烟消云散了。

我认为，当人们被经常性的言语虐待"洗脑"时，他们受到了伤害。他们了解到言语虐待的案例，意识到自己一直被欺骗后，那些负面言论对他们的影响就会小很多。如果他们不继续遭受言语虐待，那这些影响就会基本消失。例如，一个孩子在成长过程中从来没有注意到权力控制策略，他经常听到这样的话："家才是女人该待的地方"，或者"男孩子不哭"，他会把这些话内化为对自身的要求，好像这些都是正确的，其实，他这就是在遭受言语虐待。

如果你意识到伴侣的某些话带有压迫性，就可以肯定在你的伴侣关系中，有人想对你实施权力控制。你要摆脱这种关系，找到自身的价值，让自己不再遭受言语虐待。

当受虐者摆脱了言语虐待的影响，逐渐离开那种生活环境时，他就是言语虐待的幸存者。从某种灾难中幸存——不管是森林大火、海难还是虐待型的伴侣关系——并不意味着你需要形成某些特征，它只是意味着你从一个困难的环境中生存下来。你可能会发现你知道该如何应对这个环境，并且，你可以用你的经验去指导别人——例如怎样从森林大火中逃生，什么时候跳船合适，怎样避免潜在的、伤害性的伴侣关系。

3.询问是言语虐待的一种类型吗？

询问是转移话题的形式之一。如果有人问你一个问题，可是还没等你回答，又接着问另一个问题，然后，在你思考这个新问题时又问你第三个问题——每一个问题都问得很仓促，你的思维就被迫不断地从一个问题跳到另一问题上。一个经历过这种情况的女士说："我的脑子好像变成了椒盐饼，我不认为那是言语虐待。我极力想要回答他提出的问题，弄清楚他想问什么，但他的问题不断变换，让我感觉自己很失败。在那段时间里这种失败的感觉一直都缠绕着我，直到一周后我才恢复正常。"

4.双重表现是什么意思？它怎样影响受虐者？

在虐待型伴侣关系中，受虐者的很多疑惑来自施虐者的"双重表现"，其基本体现为"我爱你"（当他说好话时）和"我不爱你"（当他进行言语虐待时）。

言语虐待最经常发生的环境是在婚姻关系中。一般我们都认为婚姻是爱情的象征，可是言语虐待在制造混乱，使婚姻关系呈现出双重意义：这是我们的家（家是安全的地方），也是言语虐待发生的地方（这里并不安全）。

当两种信息同时出现时，信息接收人会感到迷茫，在两种不同的信息间纠结，不知道该如何确认。一个有暴力倾向的人谈起他与一位女士的关系时说："如果我们之间有问题，那也是因为我爱她太深了。"他这话同样是在制造混乱，要知道，爱并不会产生任何问题，只有控制才会产生问题。

5.如果受虐者接受其伴侣，是否意味着该接受他对待自己的方式？

对于受虐者来说，最艰难的事情是接受言语虐待的事实，这会让她痛苦，让她绝望，甚至可能让她对自己和自己的经历产生怀疑。如果她认为自己应该接受伴侣的行为，就很难发现一个真实的自己。

一些女性相信，接受伴侣的虐待行为是爱他的一种表现。例如一个受过虐待的妇女尼科尔·布朗，就有这种令人费解的想法，她认为自己应该更多地"接受"施虐者的行为。

接受伴侣的言语虐待可能是一种迷茫的表现，也可能是害怕他对自己或孩子实施肉体虐待。

6.下列行为是精神虐待吗?

一些控制他人的施虐者极力掩饰自己的行为，好像自己是上帝。在某些情况下，他会说，女人必须服从于男人的意志，并美其名曰"上帝的意志"。有时整个社会都被灌输这种思想，社会中的每个人，无论是男性，还是女性，都受到这种思想的影响。

有时，被灌输这种思想的女性会逐步相信，上帝的意志就是她丈夫的意志，或者是其他男性的意志。女性一般不会要求一个男性服从她的意志，甚至当有人支配她的生活时，她也不会提出疑义。

那些遭受这种压迫的女性醒悟过来，认识到自己精神生活的真实状态，甚至了解女性的整个精神生活史，她们将会感到无比的自由与由衷的快乐，感叹自己竟然被欺骗了这么多年。

7.如果受虐者拒绝听从伴侣的指挥，或者拒绝服侍他时，那位丈夫说自己受到了言语虐待。这是真的吗?

虐待是一个人对另一个人的压迫。压迫者有时也会感觉受到虐待，主要是因为他操纵伴侣的目的没有达到，或者是他的施虐行为遭到了伴侣的反抗。在他自己看来，他遭到了蔑视。如果他骨子里就认为，男人有权控制和支配女人，那他受伤和压抑的感觉会更甚。

从这个意义上讲，我们可以猜想，一个强奸犯如果能成功地强迫一名女性，他可能认为自己更像个男人，否则，他会认为自己不够男人。女性是占领的目标，男性可以随意占有——这些错误想法深深根植于他们的思想行为中。

所以，你的丈夫感到失败，那是因为他把你当作一名用人甚至奴隶，但是你既不想做用人，也不想做奴隶，你的不服从，你的自由，使他感到受了伤害——这都是他自找的。

8.一个隐蔽的言语虐待者总说一些受虐者喜欢听的话，使受虐者晕头转向。受虐者要怎样才能认识到这些言语虐待呢？

意识到言语虐待的时间应该是言语虐待发生的那一瞬，但是隐蔽性的言语虐待对女性的分辨能力提出了最有力的挑战。如果他的话明明伤害了你，却满不在乎地说那只是个玩笑；如果他不听你的诉说，不愿了解你的感觉，或者认为你很糟糕，这些都表明你遇到了一个言语施虐者。如果伴侣只是在你们有不同意见时偶尔大发雷霆，这种言语虐待还不算太重，真正能表明虐待行为的是他对你的态度。

有一天，一位男士和未婚妻看完电影后开车回家，路上他们谈论着刚看过的电影。可是不知什么原因，他感到很愤怒，冲她大声嚷嚷（他还不理解自己为什么会这样做）。

红灯，车停了，他的伴侣说："我听到了你对我言语虐待。"然后，她下车，走了（她那时甚至还没有读我的书）。

他大叫她的名字，可是她头也不回，义无反顾地走了。他眼睁睁地看着她消失在黑暗中。

他感到自己有些发抖，但是红灯使他无法开车追她。他回了家。她也没来过电话。两天后，她出现了。

他从此再没有言语虐待过她。

9.如果受虐者只将精力集中在拒绝言语虐待上，而不从性别的角度考虑这个问题，她的做法是否合适？

如果你处理的是成年夫妻的关系，你无须从性别的角度考虑这个问题，因为这已经是一个性别问题。

10.是不是女性都不自觉地将处理言语虐待问题的责任交给施虐者？

当男人和女人开始约会时，女方一般占有主动权，她们会对身边的男人有所选择。所以为了能约到她，这时的男人都非常体贴，非常深情，时常安慰她，鼓励她。但是，一旦他"得到"了她，如果他又认为自己有一定的特权，有优越的地位，那他会认为温柔会使自己地位低下，暴露情感会使自己显得脆弱；他认为自己生来就是要控制一个女人的，不必为建立和保持良好的伴侣关系负责任；他才应该是她关注的焦点，是她生活的重心，她应该听命于他。总之，当他得到她以后，态度就会发生变化。

这种前后不一致的改变往往会使女性感到疑惑不解。她还记得最初相恋时的美好时光，记得他曾经的温柔、体贴，对她的呵护备至。很久很久以来，她曾一直希望，或者幻想他能恢复到原来的样子，两人重拾往日的幸福。而实际上，只要受虐者不醒悟，施虐者不悔过，这一切就只能是海市蜃楼！